创新型大学生素质教育精品教材

互联网+教育改革新理念教材

大学生安全教育

DAXUESHENG ANQUAN JIAOYU

主审 蔡龙成

主编 江志强 徐济宣

内容提要

安全教育是素质教育的重要组成部分。本书以“理论够用、重在技能”为原则，根据在校大学生的实际情况，系统介绍了大学生在日常学习与生活中应掌握的安全知识与技能。全书共八个模块，具体包括“安全知识记心间”“国家安全重如山”“识诈防骗亮慧眼”“消防安全皆有责”“身心健康向光明”“防盗防险筑坚墙”“自我防护助平安”“防灾减灾守家园”。

本书结构合理，内容实用，模块丰富，案例新颖，集实用性、指导性于一体，可作为高等职业院校安全教育课程的教材。

图书在版编目（CIP）数据

大学生安全教育 / 江志强，徐济宣主编. -- 上海 : 上海交通大学出版社，2023.8
ISBN 978-7-313-28750-2

Ⅰ. ①大… Ⅱ. ①江… ②徐… Ⅲ. ①大学生－安全教育 Ⅳ. ①G645.5

中国国家版本馆 CIP 数据核字(2023)第 090234 号

大学生安全教育

DAXUESHENG ANQUAN JIAOYU

主　　编：江志强　徐济宣

出版发行：上海交通大学出版社　　地　　址：上海市番禺路 951 号

邮政编码：200030　　电　　话：021-64071208

印　　制：三河市祥达印刷包装有限公司　　经　　销：全国新华书店

开　　本：787mm×1092mm　1/16　　印　　张：12.75

字　　数：295 千字

版　　次：2023 年 8 月第 1 版　　印　　次：2023 年 8 月第 1 次印刷

书　　号：ISBN　978-7-313-28750-2

定　　价：46.80 元

前 言

PREFACE

安全是人类得以生存和发展的必要条件，也是社会稳定和进步的根本保证。当前，校园内外环境发生了很大变化，影响大学生安全的不确定因素越来越多。对大学生进行切实有效的安全教育，不仅有助于增强大学生的安全防范意识，保障大学生的人身安全、财产安全和身心健康，而且有助于推动安全教育政策和相关法律法规的贯彻实施。

为了切实加强大学生安全教育，编者按照高等职业院校规划教材的编写要求，结合自身教学和实践经验，精心编写了本书。

本书具有以下特色。

1. 立德树人，润物无声

党的二十大报告指出："育人的根本在于立德。"本书有机融入党的二十大精神，积极贯彻"育人为本，德育为先"的理念，设置了"政策引领""明镜高悬""创新强国""华彩流光"等模块。例如，通过介绍我国关于依法打击电信网络诈骗犯罪、规范大学生互联网消费贷款监督管理等内容，增强学生的法制观念和安全意识；通过介绍我国在救援装备制造、乙肝病毒研究等方面取得的重大成就，增强学生的创新意识和科技强国意识；等等。

2. 校企合作，协同育人

本书是在拥有丰富教学经验的一线双师型教师和企业专职人员的指导与支持下编写而成的，内容紧密围绕提高学生素养这一目的"量身定做"，着重强化全书内容的实用性和针对性，力求促进学生将所学知识内化为自身素质，做到知行合一。

3. 全新理念，新颖实用

本书践行"以学生为中心"的理念，以帮助学生掌握各种安全事故的预防和应对措施为导向，根据"任务驱动"教学法的要求编排内容。具体体现在以下方面：在每个任务开头设置一个针对性强且与实际相结合的案例，在激发学生阅读兴趣的同时让学生感受到学习安全知识的重要性；在讲解理论知识的过程中设置"案例""知识链接""互动空间""安全小贴士"等模块，不仅可以提升阅读体验，也能帮助学生更好地理解安全知识；在每个任务后设置“课后互动”模块，引导学生模拟安全情境、思考安全问题等，从而实现理论知识向实际应用的转化。

4. 平台支撑，资源丰富

本书将“互联网+”思维融入教材。读者可以借助手机或其他移动设备扫描二维码观看微课视频，也可登录文旌综合教育平台（www.wenjingketang.com）查看和下载本书配套资源，如课后习题答案、优质课件等。读者在学习过程中有任何疑问，都可以登录该平台寻求帮助。

此外，本书还提供了在线题库，支持“教学作业，一键发布”，教师只需通过微信或“文旌课堂”App扫描扉页二维码，即可迅速选题、一键发布、智能批改，并查看学生的作业分析报告，从而提高教学效率、提升教学体验。学生可在线完成作业，巩固所学知识，提高学习效率。

本书由蔡龙成担任主审，江志强、徐济宣担任主编。在编写过程中，编者参阅了大量有关大学生安全教育的资料，在此向这些资料的作者表示诚挚的谢意。本书所选案例均来源于真实事件，但为了避免引起不必要的误会，部分人物使用了化名。

由于编者经历和水平有限，书中存在的疏漏和不妥之处，诚请各位老师和广大读者批评指正。

目录
CONTENTS

模块一

安全知识记心间

知识目标

- 了解安全教育的内涵、目标和内容。
- 理解大学生违法犯罪的特点、原因，掌握预防大学生违法犯罪的方法。

素质目标

- 了解学习安全知识的必要性，增强“安全第一”意识、安全责任意识。
- 坚定理想信念，形成良好的道德品质，养成文明的行为习惯，勤奋学习，强健体魄，成为社会主义合格建设者和可靠接班人。

单元一 了解安全教育的基本知识

大学生是国家的未来、民族的希望，也是社会主义事业的接班人，肩负着建设国家的使命。大学生的安全不仅关系着个人的生命和财产安全，也关系着千家万户的幸福、社会的和谐稳定和国家的长治久安。有效开展安全教育工作，营造良好的校园氛围，确保大学生的生命财产安全，已成为新形势下构建和谐平安校园的一项紧迫任务。

安全教育的意义

案例引入——缺乏安全意识毁一生

某日晚自习过后，某高校大学生孙某与多名同学在宿舍内饮酒、唱歌。其间，孙某想到了刚认识不久的女生董某，就打电话让其来宿舍。董某再三推脱，还是没有经受住孙某的软磨硬泡。为了躲避宿舍管理员的盘查，孙某等人从卫生间的窗户处将董某拉进男生宿舍楼。

董某进入男生宿舍后，也跟着他们喝酒、唱歌。快到凌晨时，孙某将其他同学支开并强行关上门，当晚两次强行和董某发生性关系。第二天，董某在家人的协助下报警，警方介入调查。孙某交代了违法犯罪事实后，被依法刑事拘留。后经法院审理，孙某因犯强奸罪，被法院判处有期徒刑三年。

（资料来源：豆丁网，有改动）

一、安全教育的内涵

安全即没有危险、不受威胁、不出事故，它是人类生存和发展最基本的需要，也是生命和健康的基本保障。大学生是一个特殊的群体，他们正处在成长的关键时期，世界观和人生观正在形成，并且面临学习、生活、恋爱、升学、就业等一系列人生重要课题，因此大学生的安全尤其应当受到重视。

安全教育是指学校依照国家有关法律法规，组织老师对大学生进行国家安全法律法规、学校安全规章制度和纪律、安全防范知识和技能教育的活动。学校开展安全教育，不仅能引导大学生树立正确的世界观和人生观，增强其安全意识，提高其安全防范、自我保护和应急救护的能力，而且能促进大学生全面发展，维护社会和谐稳定。

二、安全教育的目标

近年来，高校开放程度越来越高，大学生面临的不安全因素越来越多，大学生安全事故也时有发生。校园安全事故不仅会对大学生的身心健康和学业等产生不良影响，也会给其家庭带来沉重的打击。因此，每一位大学生都应当重视校园安全问题，增强安全意识，认真学习安全知识，掌握相关的防范技能，做到“思则有备，有备无患”。

通常来说，高校对大学生进行安全教育应当实现以下目标。

（1）意识层面的目标。高校应使大学生形成“安全第一”意识、安全责任意识、法治意识、努力构筑平安人生的意识。

（2）知识层面的目标。高校应使大学生了解校园安全的基本内容、与安全相关的法律法规、校规校纪、日常生活中影响安全的各种因素、与安全问题相关的误区。

（3）技能层面的目标。高校应使大学生掌握安全防范技能、安全信息搜索技能、自我保护技能、安全问题解决技能和急救技能。

互动空间

讨论：在日常生活中，大学生应该注意哪些方面的安全问题？

三、安全教育的内容

安全教育是高校素质教育的重要组成部分，涉及的内容十分广泛。从安全防范的角度讲，安全教育主要包括安全责任教育、安全知识教育和安全技能教育三个部分。

（一）安全责任教育

安全责任教育的目的是使大学生明确自己应当承担的安全责任。大学生安全责任主要包括两个方面的内容。

（1）大学生应了解自己的行为对应的责任。

（2）大学生在预防安全事故、防止危险侵害方面，应当有所作为（如采取适当的防范措施），以降低危险发生的概率，减轻受到侵害的程度；在应当作为但没有作为时，对造成的人身伤亡、财产损失等后果应当承担相应的责任。

（二）安全知识教育

安全知识的内容非常广泛，包括与国家安全、消防安全、防范校园诈骗、防范校园盗窃、身体与心理健康、校外安全、自然灾害应对等有关的所有知识。

（三）安全技能教育

安全技能虽与安全知识在内容上有交叉、重叠的部分，但两者之间不能画等号。安全知识是基础，安全技能是更高层次的要求。

安全技能教育旨在培养大学生面对自然灾害、公共卫生事件和社会突发安全事件时的具体操作技能和应对能力。这些操作技能和应对能力不仅需要大学生从书本中获得，更需要通过实践来提高。

课后互动

以小组为单位，就以下问题进行讨论。

（1）大学生应具备哪些安全意识？

（2）你所在的学校是通过哪些方式进行安全教育的？

（3）你认为还有哪些更好的方法帮助大学生学习安全知识、掌握安全技能？

单元二 预防大学生违法犯罪

大学生的安全素质参差不齐，加上部分高校对大学生的法制教育、思想道德教育、心理健康教育等不够重视，使得大学生违法犯罪案件的数量呈现上升态势。

案例引入——大学生盗窃

大学生王某在学校食堂用餐时，三次趁人不备，拎起同学放在座位上的书包就走，获得价值近3 000元的财物。她盗窃后还不以为然，背着偷来的书包在校园里到处走，最后被失窃者认出，被判刑6个月。

王某因为家庭条件较好，所以平时娇生惯养。进入大学后，她经常外出旅游，其开销由父母承担。但后来，由于开销较多，父母控制了她的零用钱。王某为维系开销，萌生了盗窃的想法，也因此受到了法律的制裁。

（资料来源：青春生命微信公众号，有改动）

一、大学生违法犯罪的特点

（一）暴力型犯罪升级

故意杀人、故意伤害、强奸等暴力型犯罪案件以往在大学生犯罪案件中所占比例不是很大，但近些年来这类案件的数量呈现上升态势。暴力型犯罪难以事先预防，后果往往十

分严重，因此应当受到高校和大学生的充分重视。

（二）犯罪形式多样化

大学生违法犯罪的形式多种多样，常见的有以下几种：① 为完成学业而实施的犯罪，如在考试中作弊、抄袭论文、盗取考题等；② 网络违法犯罪，如在网上散播谣言、故意传播计算机病毒、诽谤等；③ 与钱财有关的犯罪，如盗窃、抢劫、诈骗、赌博等；④ 与性有关的犯罪，如强奸、轮奸、卖淫等；⑤ 暴力型犯罪，如打架斗殴、故意毁坏公私财物、报复行凶等。

宿舍投毒案

林某与黄某均为某高校硕士研究生，同住一间宿舍。林某因日常琐事对黄某不满，决定采用投放毒物的方式加害黄某。

某年 3 月 31 日下午，林某以取物为名，进入医学实验室，趁实验室内无人时，取出其在参与动物实验时剩余的装有剧毒化学品二甲基亚硝胺的试剂瓶和注射器。当日 17 时 50 分许，林某将前述物品带回 421 号宿舍，趁无人之时，将二甲基亚硝胺投入该室的饮水机内，随后将试剂瓶丢弃。4 月 1 日上午，黄某从饮水机中接取并喝下已被投入二甲基亚硝胺的饮用水。之后，黄某开始呕吐，并于当日中午至医院就诊。次日下午，黄某再次至医院就诊。4 月 3 日下午，黄某因病情恶化被转至重症监护室。

4 月 11 日，公安机关接到关于黄某中毒事件的报案，立即组织专案组开展侦查工作。林某在接受公安人员的调查时，始终未说出实情。4 月 12 日零时许，公安机关确定林某有作案嫌疑并对其进行传唤，林某才说出实情。被害人黄某经抢救无效于 4 月 16 日死亡。

次年 2 月 18 日，法院一审宣判，被告人林某犯故意杀人罪被判死刑，剥夺政治权利终身。

（资料来源：新浪网，有改动）

（三）犯罪智能化

大学生是社会中文化素质较高的一类群体，他们善于思考，有较强的科学知识接受能力和自学能力，部分大学生可能会利用所学的知识从事犯罪活动。例如，部分大学生利用计算机知识破译并盗用他人密码窃取钱财，或利用摄像、录音、通信、电脑合成等手段作案。

二、大学生违法犯罪的原因

大学生违法犯罪的原因十分复杂，既有客观原因，也有主观原因。客观原因包括社会环境的不良影响、学校教育体制不健全和家庭教育存在缺陷；主观原因即大学生自身存在的问题，如法律意识淡薄，心理不成熟、不健全等。

（一）社会环境的不良影响

1．市场经济发展的负面作用

市场经济的迅速发展促进了社会的进步，也使社会变得愈加复杂。复杂的社会使部分大学生的人生观和价值观发生扭曲，形成"金钱至上""以权谋私""见利忘义"等错误认识。对物质的过分追求，刺激了部分大学生进行偷盗、抢劫、诈骗、卖淫等违法犯罪活动。

2．外来文化糟粕的侵蚀

改革开放后，一些外来文化糟粕进入中国，"享乐主义""性解放"等观念和一些腐朽的生活方式对中华民族的思想道德观念产生了强烈冲击，危害着大学生的身心健康。部分大学生意志薄弱，辨别是非和抵抗外界诱惑的能力不足，从而走上违法犯罪的道路。

3．网络的负面影响

网络是一把双刃剑，大学生若利用不好，会对自己的人格、心理和社会交际产生严重的负面影响。具体如下：一些大学生在网上宣泄现实生活中的不满情绪，恶意攻击他人；虚拟世界与现实生活之间的巨大反差使一些大学生心理扭曲；一些大学生接触大量网络不良内容后，形成了错误认知，进而违法犯罪。

（二）学校教育体制不健全

从学校方面看，学校教育观念的偏颇、老师素质不佳和校园暴力等都会给大学生的成长带来极为不利的影响。一些学校对大学生的思想政治教育和法制道德教育形式单调，内容僵化，针对性不强，导致一些大学生接受教育的效果不理想。此外，部分学校没有建立科学的管理机制，未做到防微杜渐，导致部分大学生最终走上违法犯罪的道路。

（三）家庭教育存在缺陷

家庭教育深刻影响着大学生的人生观和道德观，家庭教育存在缺陷是大学生形成错误思想和养成不良行为习惯的基础，不适当的家庭教育方法容易造成大学生违法犯罪。成长于溺爱型家庭、打骂型家庭、放任型家庭等问题家庭的大学生，相较成长于正常家庭的大学生更容易违法犯罪。

（四）大学生自身存在的问题

大学生的心理尚未完全成熟，如果缺乏正确的引导，很容易误入歧途。具体来说，大学生自身存在的问题包括：缺乏社会阅历和人生经验；情绪起伏大，易冲动；自控能力差；心理脆弱，很难积极面对挫折；等等。

虚荣心导致的犯罪

浙江某高校大学生杨某，家庭条件还不错。在大学期间，她结交了一些有钱的朋友，她们经常穿名牌衣服，用高档化妆品。为了融入有钱人的圈子，杨某经常购买各种奢侈品，但仅靠父母给的生活费是满足不了自己的虚荣心的。于是，在即将毕业前，她铤而走险替人贩卖毒品，第一次就被公安机关当场抓获。杨某被依法判处拘役三个月，并处罚金 1 000 元。学校根据管理规定，给予杨某开除学籍的处分。

（资料来源：豆丁网，有改动）

三、大学生违法犯罪的预防

（一）学校方面

一方面，学校要加强大学生的法制、道德和纪律教育，提高大学生抵制各种不良影响的能力，消除其违法犯罪的动机，构筑起大学生违法犯罪的第一道防线。另一方面，学校要完善和落实大学生心理救援机制，如定期开展心理健康知识讲座，预防大学生产生心理问题；以宿舍、班级为单位建立心理健康管理中心，随时了解大学生的心理健康状况；成立心理咨询室，为大学生排忧解难。

（二）家庭方面

遏制大学生违法犯罪，要求父母加强对子女在社会公德、社会责任、是非观念等方面的教育，对子女的生理健康和心理健康予以关注，及时发现子女存在的问题，并寻找合适的方法解决。

（三）个人方面

预防违法犯罪，大学生应做到以下几点。

（1）自觉接受法制教育，学习法律知识，提高法律素养，增强法律意识。

（2）自觉抵抗各种诱惑，防止不良思想的侵蚀。

（3）既要主动了解西方文化，更要做中华优秀传统文化的传承者，培养爱国主义情怀，坚定文化自信。

（4）培养健康的爱好，参加各类社会实践活动，积极锻炼身体，阅读优秀文学作品，使自己具备健康的体魄和优良的品质。

（5）学会建立和谐的人际关系，接纳、包容他人，结交品德高尚的朋友。

（6）学会控制和调适情绪，及时发现自己的心理问题，并向父母、老师、同学等寻求帮助。

（7）正确看待自己和他人，克服自卑、自傲心理，做到自尊、自爱。

课后互动

以小组为单位，就以下问题进行讨论。

（1）你认为大学生犯罪的主要原因是什么？为什么？

（2）作为大学生，你应如何避免犯罪？

小试牛刀

一、填空题

（1）________________是指学校依照国家有关法律法规，组织老师对大学生进行国家安全法律法规、学校安全规章制度和纪律、安全防范知识和技能教育的活动。

（2）高校对大学生进行安全教育，应当实现的意识层面的目标是使大学生形成__________、__________、__________、__________。

（3）大学生违法犯罪的特点包括__________、__________、__________。

二、单项选择题

（1）学校开展安全教育的作用不包括（　　）。

A．引导大学生树立正确的世界观和人生观

B．提高大学生安全防范、自我保护和应急救护的能力

C．提高家长的自我保护能力

D．促进大学生全面发展，维护社会和谐稳定

（2）（　　）的目的是使大学生明确自己应当承担的安全责任。

A．安全责任教育　　B．安全知识教育

C．安全技能教育　　D．安全意识教育

（3）下列选项中，不属于违法犯罪行为的是（　　）。

A．在网上散播谣言　　B．不搀扶老奶奶过马路

C．盗窃、抢劫、诈骗、赌博　　D．打架斗殴、故意毁坏公私财物

（4）大学生违法犯罪的原因不包括（　　）。

A．复杂的社会使部分大学生的人生观和价值观发生扭曲

B．一些学校对大学生的思想政治教育和法制道德教育形式单调，内容僵化，针对性不强

C. 大学生心理尚未完全成熟

D. 大学生活丰富多彩

（5）下列选项中，不属于预防大学生违法犯罪的做法的是（　　）。

A. 学校定期开展心理健康知识讲座，预防大学生产生心理问题

B. 父母加强对子女在社会公德、社会责任、是非观念等方面的教育

C. 父母鼓励子女打架斗殴，在与人相处时不要吃亏

D. 学校成立心理咨询室，为大学生排忧解难

三、判断题

（1）安全知识仅仅是指与人身安全有关的知识。（　　）

（2）近年来，大学生犯罪向智能化方向发展。（　　）

（3）对物质的过分追求，刺激了部分大学生进行偷盗、抢劫、诈骗、卖淫等违法犯罪活动。（　　）

（4）网络是一把双刃剑，大学生若利用不好，会对自己的人格、心理和社会交际产生严重的负面影响。（　　）

四、简答题

大学生应如何预防违法犯罪？

学习成果评价

指导教师根据学生对本模块的实际学习成果对其进行评价，学生配合指导教师共同完成表 1-1 所示学习成果评价表。

表 1-1 学习成果评价表

班级		组号		日期	
姓名		学号		指导教师	
学习成果/模块名称	安全知识记心间				
评价项目	评价内容		评价方式	满分/分	评分/分
知识 40%	安全教育的内涵		理论测试	6	
	安全教育的目标			6	
	安全教育的内容			8	
	大学生违法犯罪的特点			6	
	大学生违法犯罪的原因			6	
	大学生违法犯罪的预防			8	
技能 40%	杜绝社会环境的不良影响		实践操作	10	
	抵御外来文化糟粕的侵蚀			10	
	不受网络的负面影响			10	
	认识并分析自身存在的问题			10	
素养 20%	积极参加教学活动，主动学习、思考、讨论		综合评判	6	
	认真负责，按时完成学习任务			4	
	谦虚勤勉，能够认识自己的不足			4	
	团结同学，热情友善			4	
	守正创新，自信自强			2	
合计				100	
自我评价					
教师评价					

模块二

国家安全重如山

知识目标

- 了解国家安全的概念和内容，理解危害国家安全的行为，掌握大学生维护国家安全的方法。
- 了解恐怖活动的内容和常见的恐怖袭击方式，掌握应对常见恐怖袭击的方法。
- 了解邪教的基本特征和危害，掌握抵制邪教的方法。

素质目标

- 弘扬爱国主义精神，主动履行维护国家安全的义务，坚决反对危害国家安全的行为。
- 增强忧患意识，做到居安思危、知危图安。

单元一 了解国家安全知识

案例引入——利诱当前，他竟成了他国间谍

某年8月底，徐某在聊天群里发了一条“寻求学费资助2 000元”的求助帖。

不久，一网名为“Miss Q”的人回帖，询问过徐某的具体信息后，表示愿意提供帮助。第二天，徐某就收到2 000元人民币汇款。Miss Q告诉徐某，他是一家境外投资咨询公司的研究员，需要为客户搜集军队装备采购方面的资料，希望徐某协助，作为资助学费的回报。徐某爽快地答应了。

同年9月，Miss Q又向徐某提供了一份“田野调研员”的兼职，月薪2 000元。徐某所在的城市有一个军港和一家历史悠久的造船厂，他的“调研”工作就是到军港拍摄军事设施和军舰的照片，到造船厂观察、记录在造和在修舰船的情况，并将有舰船方位标识的电子地图做成加密文档。之后，双方通过手机短信约好时间，徐某把加密文档上传至网络硬盘，Miss Q则登录境外网站并下载加密文档。

一年后案发，徐某承认，做“调研员”不久，他就意识到Miss Q是搜集我国军事情报的境外间谍，但利诱当前，他没有拒绝对方。最终，徐某被国家安全机关依法调查。

（资料来源：搜狐网，有改动）

一、国家安全的概念和内容

（一）国家安全的概念

国家安全是指国家政权、主权、统一和领土完整、人民福祉、经济社会可持续发展和国家其他重大利益相对处于没有危险和不受内外威胁的状态，以及保障持续安全状态的能力。简而言之，国家安全既指国家处于安全状态，又指国家维持这种安全状态的能力。

国家安全关系着国家和民族的长远发展利益，维护国家安全是每一名公民应履行的责任和义务。大学生应充分认识国家安全的重要性，增强国家安全意识，自觉维护国家安全。

（二）国家安全的内容

当代国家安全包括16个方面的基本内容：政治安全、国土安全、军事安全、经济安全、文化安全、社会安全、科技安全、网络安全、生态安全、资源安全、核安全、海外利益安全、生物安全、太空安全、极地安全、深海安全。下面仅介绍国家安全中的部分内容。

1. 政治安全

政治安全是国家安全的根本，是指一个国家由政权、政治制度和意识形态等要素组成

的政治体系，相对处于没有危险和不受威胁的状态，以及面对风险和挑战时能够及时有效防范、应对，从而确保国家政治秩序良好的能力。

维护政治安全，需要始终坚持中国共产党的领导，维护中国特色社会主义制度，发展社会主义民主政治，健全社会主义法治，强化权力运行制约和监督机制，保障人民当家作主的各项权利。

特别是要防范、制止和依法惩治任何叛国、分裂国家、煽动叛乱、颠覆或者煽动颠覆人民民主专政政权的行为；防范、制止和依法惩治窃取、泄露国家秘密等危害国家安全的行为；防范、制止和依法惩治境外势力的渗透、破坏、颠覆、分裂活动。

2. 国土安全

国土安全是国家安全的核心，是指国家领土完整，国家统一，边疆边境、海洋权益等不受侵犯或免受威胁的状态，以及持续保持这种状态的能力。

国家加强边防、海防和空防建设，采取一切必要的防卫和管控措施，保卫领陆、内水、领海和领空安全，维护国家领土主权和海洋权益。

3. 军事安全

军事安全是指主权国家为了保卫国家主权和领土完整，有效遏制、抵御外来武装力量的侵略和颠覆的军事防御能力。

国家加强武装力量革命化、现代化、正规化建设，建设与保卫国家安全和发展利益需要相适应的武装力量；实施积极防御军事战略方针，防备和抵御侵略，制止武装颠覆和分裂；开展国际军事安全合作，实施联合国维和、国际救援、海上护航和维护国家海外利益的军事行动，维护国家主权、安全、领土完整、发展利益和世界和平。

4. 经济安全

经济安全是国家安全的基础，是指一个国家能够在各种复杂的条件下有效地维护自身的经济稳定和发展，特别是在面对重大外部风险时能够很好地生存和发展的能力。

国家维护国家基本经济制度和社会主义市场经济秩序，健全预防和化解经济安全风险的制度机制，保障关系国民经济命脉的重要行业和关键领域、重点产业、重大基础设施和重大建设项目以及其他重大经济利益安全。

5. 文化安全

文化安全是国家安全的重要保障，是指一个国家的文化生存和发展不受威胁的状态，主要包括一个国家的文化主权不可侵犯，文化遗产和文化多样性得到保障，文化创新发展道路得到尊重等内容。

国家坚持社会主义先进文化前进方向，继承和弘扬中华民族优秀传统文化，培育和践行社会主义核心价值观，防范和抵制不良文化的影响，掌握意识形态领域主导权，增强文化整体实力和竞争力。

互动空间

“只要不发生战争或者军事冲突，国家就是安全的。”你认为这句话是否正确？说明你的理由。

二、危害国家安全的行为

危害国家安全的行为包括间谍行为和间谍行为以外的其他危害国家安全行为。

（一）间谍行为

《中华人民共和国反间谍法》第三十八条规定，间谍行为是指下列行为。

（1）间谍组织及其代理人实施或者指使、资助他人实施，或者境内外机构、组织、个人与其相勾结实施的危害中华人民共和国国家安全的活动。

（2）参加间谍组织或者接受间谍组织及其代理人的任务的。

小提示

间谍组织代理人是指受间谍组织或者其成员的指使、委托、资助，进行或者授意、指使他人进行危害中华人民共和国国家安全活动的人。间谍组织和间谍组织代理人由国务院国家安全主管部门确认。

（3）间谍组织及其代理人以外的其他境外机构、组织、个人实施或者指使、资助他人实施，或者境内机构、组织、个人与其相勾结实施的窃取、刺探、收买或者非法提供国家秘密或者情报，或者策动、引诱、收买国家工作人员叛变的活动。

（4）为敌人指示攻击目标的。

（5）进行其他间谍活动的。

（二）间谍行为以外的其他危害国家安全行为

《中华人民共和国反间谍法实施细则》第八条规定，下列行为属于“间谍行为以外的其他危害国家安全行为”。

（1）组织、策划、实施分裂国家、破坏国家统一，颠覆国家政权、推翻社会主义制度的。

（2）组织、策划、实施危害国家安全的恐怖活动的。

（3）捏造、歪曲事实，发表、散布危害国家安全的文字或者信息，或者制作、传播、出版危害国家安全的音像制品或者其他出版物的。

（4）利用设立社会团体或者企业事业组织，进行危害国家安全活动的。

（5）利用宗教进行危害国家安全活动的。

（6）组织、利用邪教进行危害国家安全活动的。

（7）制造民族纠纷，煽动民族分裂，危害国家安全的。

（8）境外个人违反有关规定，不听劝阻，擅自会见境内有危害国家安全行为或者有危害国家安全行为重大嫌疑的人员的。

泄露国家机密，黄某罪不可赦

黄某，生于 1974 年，计算机专业毕业，曾在某涉密科研单位工作。为了满足自己的物质欲望，黄某主动向境外间谍组织提供 15 万余份资料，其中包括绝密级国家秘密 90 项、机密级国家秘密 292 项、秘密级国家秘密 1 674 项，给我国多个部门造成难以估量的损失。

最终，黄某因犯间谍罪被依法判处死刑，剥夺政治权利终身，并被收缴间谍经费。黄某间谍案告破后，他原来就职的单位有 29 人受到不同程度的处分，黄某的妻子唐某、姐夫谭某也因犯过失泄露国家秘密罪被分别判处五年有期徒刑、三年有期徒刑。

（资料来源：搜狐网，有改动）

三、大学生应如何维护国家安全

（一）牢固树立国家安全高于一切的观念

国家安全涉及国家社会生活的方方面面，是国家生存与发展的首要保障。树立国家安全高于一切的观念，是维护国家利益的需要，也是保障个人安全的需要。

（二）积极学习关于国家安全的法律法规

大学生应积极学习涉及国家安全的法律法规，如《中华人民共和国国家安全法》《中华人民共和国保守国家秘密法》《科学技术保密规定》《中华人民共和国反间谍法》《中华人民共和国网络安全法》《中华人民共和国生物安全法》《中华人民共和国国家情报法》《中华人民共和国反恐怖主义法》等，了解其中的主要内容，知道什么可以做、什么不能做等。

（三）提高警惕，善于识别各种伪装

从理论上讲，有关国家安全的法律法规已经比较完善，大学生只要依法行事即可。但是实际情况要复杂得多，如有的间谍会采取五花八门的手段套取国家科技情报、政治情报等。大学生只有提高警惕，善于识别各种伪装，才能避免上当受骗，甚至违法犯罪。

（四）严禁与非法组织联系或参与其活动

非法组织是指未经法律法规的许可和一定程序的审批而擅自成立的组织。大学生不可以任何形式支持非法组织，或与其保持暧昧关系，甚至直接参与其活动；禁止传阅、收藏

各种非法刊物。违者将受到党纪处分、团纪处分或校纪处分，情节严重者还会被直接追究刑事责任。

（五）积极配合国家安全机关的工作

大学生若发现危害国家安全的行为，应及时向国家安全机关报告。当国家安全机关需要大学生配合工作时，大学生应积极配合国家安全机关的工作，如实提供有关危害国家安全的情报、证据或其他协助。

（六）保守国家秘密

国家秘密是关系国家安全和利益，依照法定程序确定，在一定时间内只限一定范围的人员知悉的事项。国家秘密受法律保护。一切国家机关、武装力量、政党、社会团体、企业事业单位和公民都有保守国家秘密的义务。任何危害国家秘密安全的行为，都必须受到法律追究。

大学生可以从以下几个方面保守国家秘密。

（1）严格按照保密法律法规及规章制度的规定使用保密文件、资料。

（2）不向外人透露自己掌握的国家秘密，不擅自扩大国家秘密的知悉范围，不在公共场合谈论国家秘密，不在私人通信中涉及国家秘密。

（3）严格按照保密规定管理自己掌握、保管的秘密文件、资料和信息，自觉做到不携带保密文件、资料出入公共场所，不将其带回宿舍或带回家。

如何保守国家秘密

（4）经常检查保密措施是否做到位，严防国家秘密被窃取。对于不该接触保密事项却对保密事项格外感兴趣的人，要提高警惕。

互动空间

某年 12 月，福建省莆田市一名学生在上网时，发现有人在网上散布反动言论，严重危害国家安全，他立即拨打全国国家安全机关举报受理电话 12339 进行反映。莆田市国家安全局随即顺线侦察，成功制止了这一危害国家安全的行为。随后，莆田市对这名学生进行表彰，并奖励其 1 万元。

讨论：作为新时代的大学生，你能为维护国家安全做些什么？

课后互动

（1）全班学生分成若干小组，每组 4～5 人。

（2）各小组通过查阅资料、请教他人等方式，了解国家安全的相关知识。

（3）各小组以“我眼中的国家安全”为主题设计展板（格式不限）。

（4）各小组在全班同学面前展示成果，并由一名代表进行解说。

单元二 认识恐怖袭击

案例引入——实施恐怖活动，终将害人害己

某日上午 11 时 20 分，20 多岁的黄某为了达到实施爆炸活动、制造个人影响的目的，先后在两家餐厅放置了定时爆炸装置。两个爆炸装置分别于 11 时 50 分、13 时 20 分爆炸，造成 9 人受伤，两家餐厅的部分建筑被炸毁，财产损失达 22 万余元人民币。最终，黄某因犯爆炸罪被判处无期徒刑。

（资料来源：豆丁网，有改动）

一、什么是恐怖活动

恐怖活动是指恐怖主义性质的下列行为。

（1）组织、策划、准备实施、实施造成或者意图造成人员伤亡、重大财产损失、公共设施损坏、社会秩序混乱等严重社会危害的活动的。

（2）宣扬恐怖主义，煽动实施恐怖活动，或者非法持有宣扬恐怖主义的物品，强制他人在公共场所穿戴宣扬恐怖主义的服饰、标识的。

（3）组织、领导、参加恐怖活动组织的。

（4）为恐怖活动组织、恐怖活动人员、实施恐怖活动或者恐怖活动培训提供信息、资金、物资、劳务、技术、场所等支持、协助、便利的。

（5）其他恐怖活动。

二、常见的恐怖袭击方式

恐怖袭击的方式一般分为常规方式和非常规方式。

（一）常规方式

恐怖袭击的常规方式包括砍杀恐怖袭击、冲撞碾压恐怖袭击、纵火恐怖袭击、爆炸恐怖袭击、枪击恐怖袭击、劫持、破坏等。

此外，恐怖分子有时还会通过投放危险物质、利用网络散布虚假恐怖信息等方式实施破坏活动。

（二）非常规方式

恐怖袭击的非常规方式包括以下几种。

（1）核与辐射恐怖袭击：通过核爆炸或散布放射性物质，造成环境污染或使人员受到辐射照射。

（2）生物恐怖袭击：利用有害生物或有害生物产品侵害人、农作物、家畜等。

（3）化学恐怖袭击：利用有毒、有害化学物质侵害人、城市重要基础设施、食品与饮用水等。

（4）网络恐怖袭击：利用网络散布恐怖信息、组织恐怖活动、攻击电脑程序和信息系统等。

三、应对常见恐怖袭击的方法

（一）应对砍杀恐怖袭击的方法

（1）观察四周，确保安全后迅速拨打 110 报警。

（2）不要围观，迅速撤离。撤离时不要惊慌，以免踩踏造成次生伤害。

（3）无法撤离时，可在周围的墙壁、柱子、雕塑等掩体后躲避。

（4）听从现场安保人员指挥，有序疏散或有组织地进行自卫反击。

（5）不传谣、不信谣。

（二）应对冲撞碾压恐怖袭击的方法

（1）识别可疑车辆，并迅速拨打 110 报警。可疑车辆一般具有以下特征：① 在人员密集场所加速行驶或行驶路线异常；② 违规停放在重要设施附近或人员密集场所。

（2）遇车辆冲撞碾压时，可选择在绿化带、台阶、树木或水泥桩等掩体后躲避，确保安全后，迅速拨打 110 报警。

（三）应对纵火恐怖袭击的方法

（1）进入陌生场所，识记安全出口、逃生通道、消防器材等的位置。

（2）火情发生后沉着冷静，不盲目呼喊，不贪恋财物，迅速撤离并拨打 110 或 119 报警。

（3）在公共汽车、地铁列车、火车等交通工具上遇纵火恐怖袭击时，应迅速利用车载消防设备灭火，视情况从车门或车窗有序逃离。

（4）在客船上遇纵火恐怖袭击时，应迅速向客船前部、尾部和顶部逃生，尽可能找到客船上的逃生绳、救生梯、救生衣等，向水中或者救援船上逃生。

（5）在室内遇纵火恐怖袭击时，应迅速找到安全出口，逃离现场；若出口被封，应选择背火通风处或火势较小的区域躲避，等待救援。

（6）撤离时切忌乱跑、乘坐电梯、轻易跳楼，应尽可能用打湿的衣物捂住口鼻，采用低姿行走或匍匐爬行的方式前进。若身上衣物着火，应脱掉衣物，就地打滚或借用水、灭火器等进行灭火。

（四）应对爆炸恐怖袭击的方法

1. 学会识别可疑爆炸物

以下物品可被判定为可疑爆炸物。

（1）无人认领，来历不明，有异常声响、异常气味（如臭鸡蛋味、氨水味等）的物品。

（2）寄送地址不详、标有特殊图案、有裸露电线或怪味的可疑包裹。

（3）公安机关通报的其他物品。

2. 发现可疑爆炸物后的应对方法

（1）不要乱动，迅速拨打 110 报警，由警方专业人员处置。

（2）迅速有序撤离，不要拥挤，以免发生踩踏事故，造成人员伤亡。

（3）在确保安全的情况下，尽可能记录现场情况，以便为警方提供有价值的线索，协助警方调查。

3. 发生爆炸事故后的应对方法

（1）立即卧倒或护住身体重要部位，确认安全后，在有关人员的指引下，采用低姿行走的方式有序撤离。

（2）无法撤离时，为防止烟雾中毒和窒息，应尽可能利用衣物捂鼻。若身上衣物着火，可就地打滚或用厚重衣物压灭火苗，然后迅速拨打 110 报警，等待救援。

（五）应对枪击恐怖袭击的方法

（1）护住身体重要部位，若在短时间内找不到合适掩体，则就地趴下。

（2）在确保安全的情况下寻找机会，快速逃离。

（3）迅速拨打 110 报警。

（4）及时实施自救，或帮助他人。

（5）事后积极向警方提供有关现场情况的信息。

安全小贴士

一般而言，恐怖袭击嫌疑人大多具有以下特征。

（1）神情恐慌、言行异常。

（2）着装、携带的物品与其身份不符，或与季节不协调。

（3）冒称熟人、假献殷勤。

（4）在检查过程中，催促检查或态度蛮横、不愿接受检查。

恐怖袭击应急小贴士

（5）频繁进出大型活动场所。
（6）在警戒区附近反复出现。
（7）疑似公安部门通报的嫌疑人。

课后互动

（1）全班学生分成若干小组，每组 4～5 人。
（2）全班学生观看反恐工作宣传片《假如暴恐来临》。
（3）各小组讨论以下问题：在日常生活中，应如何增强反恐意识？如何沉着应对恐怖袭击？
（4）各小组选出一名代表，陈述观点。
（5）老师对各小组的表现进行点评。

单元三 远离邪教

案例引入——深陷邪教致惨案

某日晚上 9 点多，某餐厅内发生了一起命案——一名女子遭到 6 名男女的疯狂殴打，最终不治身亡。当地警方通报，这 6 名犯罪嫌疑人均为某邪教组织的成员。

施暴者之一张某称，当晚他们 6 人坐在餐厅中，周围不少人都看着他们，眼神中充满“好奇、友善”。张某感觉周围的人跟他们 6 人是“有缘人”，因此指使同伴向周围的一名女子索要电话号码。该女子拒绝提供电话号码，并对张某等人说：“去，一边玩儿去！”张某等 6 人非常气愤，便殴打了该名女子，致其身亡。随后，除一名犯罪嫌疑人未到刑事责任年龄另行处理外，其余 5 人均因涉嫌故意杀人罪被依法刑事拘留。当地警方随即开展打击邪教的专项行动。

（资料来源：腾讯网，有改动）

一、邪教的基本特征

邪教是指冒用宗教等名义从事违法犯罪活动的非法组织。邪教的基本特征如下。

（一）秘密结社

邪教有共同的社团，少则几十人，多则成百上千人，其信徒都必须断绝与家人或亲朋

好友的往来，加入新的“家庭”中。邪教一般都会以“教主”为核心建立严密的组织体系，并采用十分隐蔽的方式进行秘密聚会。

（二）“教主”崇拜

邪教“教主”都极力神化自己，号称自己拥有超自然的神力，愚弄信徒对其盲目崇拜，诱骗信徒听从自己的命令。

（三）编造邪说

邪教会通过宣扬“世界末日即将来临”“人类大劫难”“地球大爆炸”等歪理邪说，营造恐怖气氛，胁迫信徒盲目跟从。

（四）精神控制

邪教往往会剥夺信徒的人身自由权和隐私权，通过诋毁宗教、贬损科学来让信徒接受“再教育”，使其在心理上和行为上自我封闭，以达到精神控制的目的。

如何分辨邪教

（五）聚敛钱财

邪教“教主”会通过兜售非法制作的书籍或音像制品、组织开办各种学费高昂的“培训班”等方式，大肆聚敛钱财。

二、邪教的危害

（一）影响认知

邪教以宗教为幌子，利用一些人对社会的不满，大肆宣扬世界的黑暗和灾难，声称只有加入他们的组织才能躲过劫难，以此蒙骗信徒，使其丧失最基本的判断力。

（二）残害生命

邪教编造荒诞的邪说，导致无数信徒生病时贻误治疗时间，或死或伤或精神失常。“教主”不惜牺牲信徒的生命，制造集体自杀、绑架、暗杀、爆炸等暴力恐怖事件，其残忍、疯狂的行径实在令人发指。

（三）危害社会

邪教往往煽动和教唆信徒与人民政府为敌，其政治野心昭然若揭。此外，邪教举办的敛财骗色活动、非法经营活动、非法集会活动等，严重扰乱了社会公共秩序，危害极大。

三、如何抵制邪教

邪教威胁着人们的生命财产安全与社会稳定，对于当代大学生而言，抵制邪教显得尤为重要。

（一）崇尚科学，破除愚昧

崇尚科学就是要按照客观世界的本来面目揭示客观规律，用科学的思想分析问题，用科学的方法解决问题。只有加强科学理论武装，提高科学素养，才能以文明破除愚昧，与邪教坚决做斗争。

（二）参加各种有益的活动，远离邪教

大学生应该认清邪教的真实面目，千万不要因受蛊惑而以牺牲生命为代价为邪教服务。大学生应积极参加合法的社团组织和有益身心健康的活动，若收到宣传邪教的手机短信、电子邮件等，应立即删除；若接到宣传邪教的骚扰电话，应直接挂断。

（三）树立正确的人生观，抵制邪教

人生多挫折，有人下岗失业，有人情场失意，有人身残多病，有人家庭遭难……面对挫折，大学生不应心灰意冷，更不应从邪教中寻求精神寄托。只有理智地分析遭受挫折的原因，树立正确的人生观，增强追求美好生活的勇气和信心，才能从根本上改变命运，获得幸福。

（四）运用法律武器，同邪教做斗争

法律是抵制邪教的有力武器，大学生要学会运用法律武器，同邪教做斗争。若发现邪教成员在秘密集会、聚众闹事、散发反动宣传单、张贴反动标语等，要立即报告当地政府有关部门或拨打 110 报警；若发现亲属误入邪教，要劝导其尽早回头，劝导无果后，应主动检举揭发。

课后互动

（1）全班学生分成若干小组，每组 4～5 人。

（2）各小组通过查阅资料、请教他人等方式，了解反邪教的相关知识。

（3）各小组以“崇尚科学 反对邪教”为主题，准备演讲稿。

（4）各小组选出一名代表，在班级内部举行演讲比赛。

（5）老师对各小组的表现进行点评。

小试牛刀

一、填空题

（1）____________是指国家政权、主权、统一和领土完整、人民福祉、经济社会可持续发展和国家其他重大利益相对处于没有危险和不受内外威胁的状态，以及保障持续安全状态的能力。

（2）____________是国家安全的核心。

（3）邪教的基本特征包括____________、____________、____________、____________、____________。

二、单项选择题

（1）（　　）是国家安全的根本。

A．国土安全　　B．军事安全

C．政治安全　　D．经济安全

（2）大学生若发现危害国家安全的行为，下列做法中不正确的是（　　）。

A．及时向国家安全机关报告

B．积极配合国家安全机关的工作

C．以暴力、威胁等手段阻碍国家安全机关工作人员执行公务

D．提供有关危害国家安全的情报、证据或其他协助

（3）下列选项中，（　　）不属于恐怖活动。

A．组织、策划、实施严重危害社会的活动

B．强制他人在公共场所穿戴宣扬恐怖主义的服饰、标识

C．在网上发表抨击恐怖组织的言论

D．为恐怖活动组织提供信息、资金、物资等

（4）下列选项中，（　　）属于非常规恐怖袭击方式。

A．砍杀恐怖袭击

B．冲撞碾压恐怖袭击

C．爆炸恐怖袭击

D．生物恐怖袭击

（5）遇纵火恐怖袭击时，下列做法中不正确的是（　　）。

A．迅速撤离并拨打 110 或 119 报警

B．在客船上遇纵火恐怖袭击时，应迅速向客船前部、尾部和底部逃生

C. 在公共汽车上遇纵火恐怖袭击时，应迅速利用车载消防设备灭火

D. 在室内遇纵火恐怖袭击时，应迅速找到安全出口，逃离现场

三、判断题

（1）维护国家安全是每一名公民应履行的责任和义务。（　）

（2）树立国家安全高于一切的观念，是维护国家利益的需要，也是保障个人安全的需要。（　）

（3）大学生若收到宣传邪教的手机短信、电子邮件等，应将其保存起来。（　）

（4）遇冲撞碾压恐怖袭击时，应迅速拨打 110 报警。（　）

四、简答题

（1）大学生应如何保守国家秘密？

（2）简述邪教的危害。

（3）简述发现可疑爆炸物后的应对方法。

学习成果评价

指导教师根据学生对本模块的实际学习成果对其进行评价，学生配合指导教师共同完成表 2-1 所示学习成果评价表。

表 2-1 学习成果评价表

班级		组号		日期	
姓名		学号		指导教师	
学习成果/模块名称	国家安全重如山				
评价项目	评价内容		评价方式	满分/分	评分/分
知识 40%	国家安全的概念和内容		理论测试	7	
	危害国家安全的行为			7	
	维护国家安全的方式			7	
	恐怖活动的概念和常见的恐怖袭击方式			5	
	应对常见恐怖袭击的方法			5	
	邪教的基本特征及危害			4	
	抵制邪教的方法			5	
技能 40%	识别危害国家安全的行为		实践操作	10	
	用正确的方法维护国家安全			10	
	用正确的方法应对常见恐怖袭击			10	
	抵制邪教			10	
素养 20%	积极参加教学活动，主动学习、思考、讨论		综合评判	6	
	认真负责，按时完成学习任务			4	
	谦虚勤勉，能够认识自己的不足			4	
	团结同学，热情友善			4	
	守正创新，自信自强			2	
合计				100	
自我评价					
教师评价					

模块三

识诈防骗亮慧眼

知识目标

- 了解校园诈骗的类型。
- 掌握防范与应对校园诈骗的方法。
- 了解几种常见的校园贷陷阱，理解校园贷的危害，掌握防范与应对校园贷的方法。

素质目标

- 了解《关于加强打击治理电信网络诈骗违法犯罪工作的意见》的具体内容，增强防范电信诈骗、保护个人财产安全的意识。
- 了解《关于进一步规范大学生互联网消费贷款监督管理工作的通知》的具体内容，把握政策动向，树立正确的消费观念。

单元一　了解校园诈骗的类型

案例引入——校园诈骗，防不胜防

案例 1：诈骗分子冒充某高校大学生进入该学校，在学生宿舍楼内以“学长”的身份向新生推销“快乐学习报套餐”“校园上机卡”等无法正常使用的商品。新生防范意识较弱，没过多询问商品信息就购买了商品。最终，20 多名新生被骗，涉及金额高达 5 000 多元。

案例 2：某高校大学生章某在网上购买了一件商品。第二天下午，章某接到了自称是卖方工作人员的人打来的电话，对方称章某所购买的商品有问题，需要为其办理退款手续。章某按要求加了对方的 QQ 号后，对方发来一个链接，章某点击此链接，并在跳出的网页上填写了身份信息、手机号码、银行卡账号、银行卡密码和手机收到的短信验证码。对方一再表示章某操作超时，并让其重复填写了 3 遍。随后章某便收到了银行的扣款短信，这时章某才意识到自己被骗了。

案例 3：寒假的一天，某高校大一新生蓝某接到自称是郑老师（该学生的班主任）的人打来的电话，让其帮忙转 1 000 元到“系主任”的银行卡，并声称开学后还给她。随后，蓝某将身上仅有的 400 元通过 ATM 转入对方提供的银行卡账户。蓝某再次拨打“郑老师”的电话时，该号码已无人接听。

（资料来源：豆丁网，有改动）

校园诈骗是指以学生为作案目标、以非法占有为目的、用虚构事实或隐瞒真相的方式骗取财物的行为。校园诈骗严重危害大学生的合法权益，轻则令大学生懊悔烦闷或陷入经济困境，重则导致大学生违法犯罪或轻生。

校园诈骗的类型多种多样，下面介绍几种常见的校园诈骗。

一、网络诈骗

网络诈骗是指诈骗分子通过社交软件等工具在网络上骗取他人财物的犯罪行为。具体来说，网络诈骗的形式有以下几种。

（一）网络社交诈骗

1. 冒充好友诈骗

诈骗分子将带有木马病毒的文件或链接发送到大学生的 QQ，大学生点开文件或链接后，QQ 密码即被诈骗分子盗取。接着，诈骗分子会在盗来的 QQ 的好友列表中寻找与被盗者关系亲密的人（如同学、朋友、亲人等），利用各种理由诱骗他们转账，如图 3-1 所示。

图 3-1　冒充好友诈骗

2. “裸聊”诈骗

诈骗分子以头像性感、网名露骨的账号在各种社交平台上发布交友信息，或者直接添加微信好友、QQ 好友与受害者聊天，不断挑逗、诱惑受害者并引导受害者下载指定软件进行“裸聊”。受害者下载指定软件后，手机通讯录便被诈骗分子获取。在裸聊时，诈骗分子趁机拍下受害者的照片，并将照片和通讯录截图一并发给受害者，以此威胁其转账。

案例

“裸聊”被敲诈，报警保平安

某日 23 时许，上海市公安局奉贤分局高校派出所民警接到辖区内某高校大学生吕某报警，称其被人敲诈。当晚，吕某在 QQ 上收到陌生人要求视频聊天的信息，对方提出“裸聊”，抵挡不住诱惑的他便和对方开始视频通话。1 分钟后，对方突然挂断视频通话，并发来了裸聊视频以及吕某手机通讯录截图，然后以把视频发送给其通讯录好友作为威胁索要 3 600 元封口费。

吕某在与对方周旋的过程中拨打了 110。就在吕某准备向诈骗分子转账时，民警赶到了，及时制止了吕某的行为。

（资料来源：中国青年网，有改动）

3. 借恋爱之名诈骗

诈骗分子利用网络发布虚假的身份信息，将自己塑造成“多金暖男”“时尚美女”等，

在聊天中用甜言蜜语迷惑大学生，让其陷入甜蜜的“恋爱”中。赢得大学生的信任后，诈骗分子便以借钱周转、合作经营、生病急救等理由骗取大学生的钱财。

案例

“恋爱”投资，一去不回

某日，江西某高校大学生詹某报案称，他因一通来电与一陌生女子相识，并对该女子产生了好感。没过多久，该女子称自己投资港股赚了很多钱，希望詹某也一起投资。

在对方的花言巧语下，詹某下载软件并投入了少量资金，没想到很快就获得了200多元的收益。尝到甜头后，詹某追加投入5 000元，期望能够获得更多收益。令他没想到的是，客服突然告诉他，他购买的那支港股被强行平仓了，他账户内的钱一分也没剩下。听到这个消息，詹某赶紧登录软件查询，却发现软件登录不了，并且客服电话也无法打通，詹某这才意识到被骗了。

（资料来源：澎湃新闻客户端，有改动）

（二）中奖信息诈骗

诈骗分子利用社交软件、电子邮箱等随机向大学生发送中奖信息并附带网址。如果大学生信以为真，点开网址与对方联系，诈骗分子会以“中奖者”领奖需先付个人所得税、手续费为由，诱骗大学生汇款，如图3-2所示。大学生汇款后，便再也无法联系上对方。

图3-2　中奖信息诈骗

（三）网络购物诈骗

诈骗分子在非法获取网购买家的信息后，以商品有问题为由联系买家，要求其退款或者重新购买，然后引导买家进行一系列不正规操作，获取买家的支付密码，将钱从买家的银行卡中转出（见图3-3）。

图 3-3　网络购物诈骗

网购“退款”被骗

某日，小刘在网上买了一瓶洗面奶。两天后，小刘发现网上显示该快递已签收，但是当时她并没有收到快递，于是向卖家询问。卖家说会尽快联系快递公司，有消息会第一时间通知小刘。

又过了一日，小刘接到一个陌生男子的电话：“您好，我是××速递的客服，经核实，您的订单号为 YT4682310545×××的货物已丢失，我们将对您的货物进行理赔。除赔偿货物本身的价值外，我们还额外赔偿 30 元，请添加快速理赔中心的 QQ 号。”

小刘有过理赔成功的经历，并且该陌生号码的归属地和卖家的发货地一致，所以他就相信了对方。添加 QQ 好友后，对方说理赔过程比较烦琐，要求小刘用 QQ 进行手机端共享屏幕并发来二维码。小刘扫描二维码后，手机上弹出了一个页面，对方要求小刘在该页面上填写银行卡账号，以及网银的登录密码、查询密码、支付交易密码等信息。

小刘填好后，陌生男子打来电话，要求小刘下载一个贷款 App 并注册账号，称理赔的钱会打在该 App 里，并向小刘索要手机短信验证码。小刘将收到的验证码发给对方后，收到银行发来的信息，信息显示小刘账户上的 1 300 余元已全部被转走。小刘这才察觉到自己被骗，于是打电话给对方，但对方已关机。

启示：（1）选择正规的渠道进行理赔。快递丢失进行理赔是正常的商业行为，但是在理赔过程中，若对方要求填写银行卡信息、共享屏幕、下载 App 等，应警惕。

（2）注意保管个人重要信息。不要轻易点开陌生人发来的链接，不轻易填写身份证号、银行卡账号等个人重要信息。另外，下载陌生人指定的 App 并注册，同样也有可能泄露个人重要信息。

（3）不向陌生人提供验证码。验证码与密码同样重要，在理赔过程中，无论对方以何种理由要求提供验证码，都要提高警惕，因为这很可能是一个骗局。

（资料来源：豆丁网，有改动）

（四）网络游戏诈骗

网络游戏诈骗针对的多是痴迷于网络游戏的大学生。这种诈骗主要有三种形式：① 低价销售游戏装备，骗取玩家信任后，让玩家通过线下银行汇款，得到钱款后立即消失；② 在游戏论坛上发布提供代练的信息，待得到玩家提供的汇款和游戏账号后，将游戏账号侵吞；③ 销售游戏账号，等玩家使用了几天游戏账号后再盗回。

案例

购买游戏道具被骗

18 岁的张某是一名大学生，闲暇时喜欢跟朋友们一起打游戏。某日，张某在家里玩电脑游戏，在游戏里，他看到一名玩家在售卖游戏道具，于是她就给对方发了消息，说想购买游戏道具。对方添加张某为 QQ 好友后，给她发来一个网址，让她通过某游戏交易平台下单。张某点击对方发来的网址，登录某游戏平台后下了单，并通过微信向对方转账 210 元。

付款后，张某询问对方什么时候发货，对方发来一个二维码让她扫码联系客服。张某扫码后，手机上弹出一个在线客服的聊天窗口。客服称张某的账户有刷单嫌疑，不予发货，要进行激活操作才能发货。张某按照对方的指示操作后，发现银行卡账户被刷走 21 999 元，于是赶紧联系客服要求退款，客服却声称扣款是张某操作失误所致，不予退款，张某这才意识到自己被骗。

（资料来源：搜狐网，有改动）

（五）网络购票诈骗

诈骗分子在各种社交平台发布飞机票、火车票、演出门票等售票信息，以内部票为诱饵引诱大学生购票。大学生付款后，便再也无法联系上对方。

（六）网络炒股诈骗

诈骗分子通过制作股票网站、投资网站，假冒某证券公司、某投资公司，以指导炒股、提供可靠投资信息为由，诱骗大学生交纳“会员费”“信息费”等。

网络炒股诈骗多为异地远程作案，这类案件线索少，侦破难度大，大学生一旦被骗，通常很难找回钱财。

案例

网络炒股被骗

某日，大学生王某上网时看到一个炒股教学网站，便开始在网站上听所谓的“专家”讲“股市行情”。连续听了十几天课后，“专家”声称要组织学生们坐庄操作数字货币，便让王某下载一款手机App。之后，王某在“专家”的指导下，使用该App进行投资。前几次，王某只投入几百元，每次都收益颇丰。尝到甜头后，王某将贷款来的5万元全部投入。次日，当他想打开App查看收益时，发现已无法登录，他这才意识到被骗。

（资料来源：豆丁网，有改动）

（七）网络彩票诈骗

诈骗分子创建虚假的彩票预测网站，并加装“流氓插件”。大学生一旦进入这些网站，页面上就会出现大量预测彩票中奖号码的内容，并提示只要成为会员就可以得到中奖号码。大学生若经不起诱惑，就会被引导支付会员费、代购彩票费、保证金、保密费、专家推荐费等名目繁多的款项，从而受骗。

（八）网络投资诈骗

一些诈骗分子以高利息、稳收益为诱饵，诱骗大学生投资某个项目或购买某款理财产品，一些大学生经受不住诱惑而“上钩”，最终蒙受金钱损失。

“低成本，高回报”的诱惑

小王是湖北某高校的一名大二学生，一次偶然的机会，他在浏览某网站时，看到一篇通过投资虚拟货币进行理财的文章。出于好奇，在客服的引导下，小王下载了其指定的App并开始尝试投资虚拟货币。刚开始时，小王比较谨慎，只充了几十块钱，但是没过几天，这些钱就翻倍了。

小王认为这是一个赚钱的好机会，于是就把自己的生活费全部投进去了，还向朋友借了钱。但是没过多久，该App经营者就“跑路”了，小王投资在App里面的钱也取不出来了，朋友又催着他还钱。无奈之下，小王向家长坦白了这一切，希望家长能帮自己还钱。

启示：贪欲是上当受骗的根源。大学生若有赚“轻松钱”的心理和不劳而获的想法，则容易上当受骗。大学生要树立正确的理财观念，在生活中不要贪便宜，要拒绝不劳而获；面对所谓“低成本、高回报”的诱惑时，要始终牢记“天上不会掉馅饼，只会掉陷

阱”的道理。只有这样，才能远离诈骗。

（资料来源：百度文库，有改动）

（九）网络交易诈骗

这里的“网络交易”主要是指诈骗分子“帮助”大学生办理某些特殊事宜而进行的交易，不包括网络购物。诈骗分子往往发布虚假的交易信息，内容多为帮助大学生办理落户手续、代写论文、介绍工作、注册学历证书等，但要求先付款。大学生一旦付款，就再也联系不上对方。

（十）会员注册诈骗

诈骗分子会制作一些虚假的博彩网站、婚恋网站、色情网站的广告链接，引诱大学生点击进入。大学生一旦点击广告链接，页面上即会弹出注册会员的窗口，显示只有注册成功后才能进入网站。诈骗分子通常要求受害者用手机号码进行注册，一旦注册成功，便立即从受害者手机话费中扣掉“会员费”。

（十一）刷单诈骗

刷单是指以造假的方式来提高商品的交易量和卖家信誉，从而吸引更多买家的行为。刷单属于虚假宣传，是一种违法行为。刷单诈骗是指诈骗分子以兼职刷单为诱饵，骗取受害者钱财的诈骗方式。诈骗分子通常诱导大学生下载违规 App，让其在 App 内搜索指定商品并下单，并承诺在刷单结束后返还本金和支付佣金。前几次刷单，诈骗分子会返还本金并支付佣金，但等到大学生完全放下戒心投入更多本金后，会发现自己再也无法登录 App，也无法提现，并且诈骗分子也早已消失。

刷单被骗

某日，大一学生小刘在兼职群内看到了招聘刷单员的信息，便添加信息发布者“明天”为好友，表示愿意兼职刷单。之后，“明天”便教小刘如何使用支付宝接单。

在接单过程中，小刘发现自己的花呗被扣除了 3 000 元。小刘立刻要求“明天”退款，但对方让小刘与客服联系。客服表示，支付宝余额达到 6 000 元才能退款，小刘需要先充值。小刘表示自己没有钱，于是该客服诱导小刘到某网贷平台借钱充值，但小刘以身份证不在身边为由拒绝了。随后，客服又要求小刘在某软件内充值 900 元，表示充值成功后，会将 3 900 元一并退还给他。

于是小刘就在该软件上充值了 900 元。随后，客服向小刘提供了一张退款截图，称退款第二天上午才能到小刘的银行账户，然后就要求小刘删除聊天记录和软件。第二天上午，小刘没有收到退款，于是赶紧联系客服，但发现已经联系不上客服了。

启示：随着电商平台的飞速发展，一些商家为了刷人气、刷好评，就进行刷单操作。刷单不仅损害了平台的信誉、消费者的权益，违反了公平交易原则，而且容易使刷单者落入诈骗分子事先设计的圈套中。为避免落入刷单圈套，大学生应牢记以下几点。

（1）刷单是违法行为，凡是以刷单为名义的兼职，皆是诈骗。

（2）刷单诈骗多种多样，切勿贪小便宜而吃大亏。

（3）警惕传销式诈骗，更不要为了蝇头小利“拉人头”，祸害他人。

（4）不要轻易扫描来历不明的二维码或点击来历不明的链接。

（资料来源：搜狐网，有改动）

二、电信诈骗

（一）伪装身份诈骗

诈骗分子往往冒充老师和熟人，以收学费、借钱救急为名骗取大学生的钱财，或者冒充黑社会人员，通过威胁大学生的人身安全来骗取钱财。这类诈骗多通过打电话或发短信等方式进行，诈骗分子所使用的电话卡一般是盗用他人身份证办理的，因此公安机关很难获取诈骗分子的真实信息。

1. 冒充老师

诈骗分子通过各种方式掌握老师的姓名、所在院系、所任职务等详细信息，然后冒充老师给大学生打电话，以购买书籍、收学费等为由，让大学生将钱打到指定的银行账户。

骗子冒充老师，进家长群“收费”

某日，江苏省南通市通州区某派出所接到市民赵女士报警。赵女士讲述了被骗的过程：有人冒充老师进入其子女的班级QQ群，称学校需收取资料费398元，线上支付即可，还提示支付成功后截图发群里方便统计。由于对方的QQ头像和昵称与老师的完全一致，赵女士当即扫码支付。当真正的老师发现群里的异常情况并提醒时，已有12名家长被骗。

经过侦查，警方很快锁定了诈骗窝点的具体位置，并于次日傍晚在一民房内抓获正在作案的犯罪分子，当场缴获电脑、手机、银行卡、流量卡等大量作案工具。

（资料来源：人民网，有改动）

2. 冒充熟人

诈骗分子冒充熟人给大学生打电话（见图 3-4），在电话中让大学生猜他是谁，当大学生报出某个熟人的姓名后，诈骗分子立刻谎称就是此人，然后嘘寒问暖，与大学生套近乎，等与大学生拉近距离后，便以住院、财物被盗为由向大学生“借钱”。

图 3-4 诈骗分子冒充熟人给大学生打电话

3. 冒充黑社会人员

诈骗分子冒充黑社会人员给大学生打电话、发短信，声称该大学生得罪了某人，要替对方报仇，并用一些性质恶劣的语言威胁大学生，使其产生极度恐惧的心理，随后以“拿钱消灾”为由逼迫大学生向指定账户转账。

此外，有的诈骗分子使用“任意显号”软件随机拨打电话，冒充通信运营商营业厅、银行、公安局等单位的工作人员，以手机欠费、银行账户异常、被他人冒用身份涉嫌犯罪等理由对大学生进行欺骗、恫吓，让大学生将钱转入指定账户。

案例 1：冒充医保工作者诈骗

一天，某高校大学生杨某接到一个陌生电话，对方称杨某的医保卡存在使用异常的情况，怀疑她有医保诈骗嫌疑，并要求杨某积极配合调查。诈骗分子以“不配合调查会坐牢”等语言恐吓杨某，要对其进行财产调查。后来杨某根据对方的提示在 ATM 上进行操作，结果被盗走 9 000 元。

案例 2：冒充公安局工作人员诈骗

一天，某高校大学生周某接到一个自称是上海市公安局工作人员的人打来的电话，对方称周某涉嫌参与一起洗黑钱案件，并通过短信给周某发送了一个链接。周某打开链接，看到自己成为犯罪嫌疑人的信息后非常害怕。这时对方立即以洗黑钱要判多少年有期徒刑的话恐吓周某，并警告他在调查期间不许和任何人说起此案。对方告诉周某，如果想要洗脱嫌疑，证明自己的清白，必须提供一定数额的财产证明。此时的周某已经被吓糊涂了，彻底落入诈骗分子设下的圈套。周某分别向家人、朋友、同学及网贷平台等借钱，先后共计被骗 6 万多元。

（资料来源：搜狐网，有改动）

（二）刷卡消费诈骗

诈骗分子以银行客服中心或公安局经济犯罪侦查科的名义，给大学生打电话、发短信，称其刚刚使用银行卡在某地刷卡消费×××元。待大学生否认后，诈骗分子谎称大学生的银行卡可能被复制盗用，大学生需要到 ATM 上进行信息更改操作，或者需要根据电话、短信提示的步骤进行加密操作。大学生一旦产生恐慌心理，就有可能按照诈骗分子的指示进行操作，在不知不觉间将钱财转入诈骗分子的账户。

（三）引诱汇款诈骗

诈骗分子将“请把钱存到×××银行账户，××先生”等诈骗短信以群发方式大量发出。正有汇款计划的大学生如果碰巧收到这类短信，可能会放松警惕，不加核实就直接将钱款汇入该账户。此外，拖欠他人钱款的大学生在收到这类短信时可能会认为发送者是催款人，于是不加验证便将钱款汇入该账户。

三、“两卡”犯罪相关诈骗

犯罪分子租借“两卡”的目的

“两卡”是指手机卡、银行卡。其中，银行卡既包括个人银行卡、对公账户、单位结算卡，还包括非银行支付机构账户，即大众常用的微信、支付宝等第三方支付账户。“两卡”犯罪指的是非法出租、出售、购买“两卡”的违法犯罪活动。

诈骗分子可能会诱骗大学生将自己的“两卡”非法出租、出售，或盗取“两卡”相关的个人信息，这就为“两卡”犯罪提供了作案工具和转账桥梁，而出租、出售“两卡”的大学生就成了此类犯罪的帮凶。

大学生若要预防“两卡”犯罪相关诈骗，需要做到以下几点。

（1）不出租、出借、出售金融账户，包括银行卡、支付账户等。

（2）加强网络安全意识，注意隐私信息的保护。

（3）坚守是非底线，树立正确的财富观。

（4）通过正规渠道办理账户业务，在 ATM 等自助设备上操作时，注意安全防范，保

护好账户信息，妥善保管好个人身份证件、银行卡、手机等。

（5）加强法律知识的学习，提升辨别犯罪的能力。

“两卡”犯罪可能涉及的罪名

1．帮信罪

非法出租、出售、购买“两卡”用于犯罪活动或者被他人用于犯罪活动，情节严重的构成帮助信息网络犯罪活动罪，即通常所说的“帮信罪”。

2．诈骗罪

如果行为人明知对方将购买和借用的手机卡、银行卡等用于电信诈骗等活动，仍然提供帮助的，则成为共犯，同样构成诈骗罪。

3．盗窃罪

有些行为人出卖或者出借自己的银行卡后被通知银行卡状态异常，挂失后查询发现自己的卡内有余额，于是产生了非法占有的想法，以为这是飞来横财，神不知鬼不觉，取出消费。数额达到刑事立案标准的，则构成盗窃罪。

4．妨害信用卡管理罪

如果行为人大量购买、借用他人信用卡后再将其出售给其他人，达到五张以上的，则涉嫌妨害信用卡管理罪。

5．其他罪名

“两卡”犯罪还可能涉及窃取、收买、非法提供信用卡信息罪，掩饰、隐瞒犯罪所得罪，以及侵犯公民个人信息罪等。

构成其他罪的，如果只有一个行为，则择一重罪处罚，如果有多个行为，则数罪并罚。

帮信罪和诈骗罪的比较

为诈骗分子提供“两卡”，既可能构成诈骗罪，也可能构成帮信罪。两者的区别主要有以下几点。

（1）在诈骗金额特别巨大的情形下，两罪的量刑差异巨大：① 诈骗罪最高可判无期徒刑，即使是按照从犯处理，量刑往往也很高；② 帮信罪最高可判三年有期徒刑。

（2）诈骗罪和帮信罪在主观方面都要求故意，但故意的内容不同：① 在认识方面，诈骗罪要求行为人明知他人实施电信诈骗犯罪，是具体的故意；帮信罪要求行为人确切知道他人实施信息网络犯罪，或知道他人可能实施信息网络犯罪，是概括的故意；② 在意志方面，诈骗罪的行为人持一种希望的心态，为直接故意；帮信罪的行为人除了持希望的心态，还有一种放任的心态，除了直接故意，还包括间接故意。

（3）诈骗罪和帮信罪的行为人都是为犯罪提供帮助，但帮助的内容、程度不同：① 帮信罪的帮助行为，仅适用于提供互联网接入、服务器托管、支付结算等特定帮助行为；诈骗罪的帮助行为，既包含帮信罪的特定帮助行为，也包含提供场所、资金支持等一般性帮助行为；② 帮信罪的帮助行为，要求达到“情节严重”的程度才构成犯罪；诈骗罪的帮助行为无此要求。

（4）两罪侵犯的客体不同：诈骗罪侵犯的客体为公私财产所有权，而帮信罪侵犯的客体为公共秩序，特别是在“一帮多”的情形下，侵害的法益（法律所保护的利益）具有多元化，不仅涉及网络空间管理秩序，还可能蔓延至毒品、淫秽物品、洗钱、知识产权等不特定领域的秩序。

案例

案例 1：在校大学生本想兼职，不料身陷“两卡”犯罪

在校大学生曾某想做兼职，经同学介绍结识了夏某，夏某向曾某表示手头上正好有个事情可以做，并承诺：“你办理银行卡，借我使用，我按使用次数付钱给你。”当曾某问到银行卡的用途时，夏某称用银行卡进行转账，并表示不要多问。随后，曾某按夏某的要求办理了两张银行卡，并开通了网银交给夏某使用。夏某共计支付曾某人民币 860 元。

经查，曾某办理的两张银行卡于 7 月至 10 月期间，被用于信息网络诈骗活动。案发后，犯罪嫌疑人曾某经公安机关电话传唤后主动到案，积极退回赃款，并自愿认罪认罚。

犯罪嫌疑人曾某在明知他人可能实施信息网络犯罪，仍办理银行卡并出借。客观上为他人的信息网络犯罪提供了支付结算帮助，且符合情节严重的标准，根据《中华人民共和国刑法》(以下简称《刑法》)第二百八十七条之二第一款的规定，应当构成帮信罪。

（资料来源：搜狐网，有改动）

案例 2：明知故犯，在校生依法获刑

某年 10 月至 12 月，无固定职业的侯某、某网络公司员工杨某伙同他人，通过在朋友圈发布付费交友的虚假信息，引诱被害人扫描二维码付款，并利用事先植入的某软件，将实际扣款金额扩增至百倍，以此方式实施诈骗。为便于接收、转移赃款，杨某以人民币 600 元至 1 000 元的价格，收购他人成套银行卡资料（含身份证复

印件、银行卡号、手机号），用于注册微信商户号，并生成收款二维码，供诈骗团伙使用。其中，某校学生吴某等 9 人各向杨某出售一套银行卡资料。被害人扫描侯某提供的二维码付款后，资金转入对应的微信商户号，并根据后台设置于次日凌晨自动转入该商户号绑定的吴某等人的银行账户内。

吴某等 9 人明知本人银行账户内转入资金系他人犯罪所得，仍按照杨某的要求通过手机银行转入指定账户，分别转移犯罪所得 2.45 万元至 29.16 万元不等。

当地公安局分别以侯某、杨某涉嫌诈骗罪，吴某等 9 人涉嫌掩饰、隐瞒犯罪所得罪移送起诉。同年 8 月 3 日，当地人民检察院以诈骗罪对侯某、杨某，以掩饰、隐瞒犯罪所得罪对吴某等 9 人提起公诉。同年 9 月 14 日，当地人民法院作出一审判决，以诈骗罪判处侯某、杨某有期徒刑七年四个月和六年十个月，并处罚金人民币 5 万元和 2 万元；以掩饰、隐瞒犯罪所得罪分别判处吴某等 9 名被告人有期徒刑六个月至三年不等，均适用缓刑，并处罚金人民币 1 500 元至 3 000 元不等。

（资料来源：澎湃新闻，有改动）

四、其他诈骗

这里的“其他诈骗”是指发生在校内外，诈骗分子以大学生为对象面对面实施的诈骗。具体来说，这些诈骗有以下几种类型。

（一）弄虚作假，以次充好

一些诈骗分子将假冒伪劣商品推销给大学生，并称这些商品是厂家直销，物美价廉且数量有限。个别大学生被花言巧语迷惑，最后发现买来的商品要么无法使用，要么使用几次就坏了。例如，开学之际，许多诈骗分子潜入大学生宿舍推销低价充电宝，实际上这些充电宝内部只有两节电池，其余为水泥或石块（见图 3-5）。

图 3-5 诈骗分子推销的低价充电宝

（二）校园代理，引诱上钩

诈骗分子通常自称是学校往届毕业生，现在是某商品的代理商，希望通过发展校园代理，为学弟、学妹提供勤工俭学的机会。这些诈骗分子通常以低于市场同类商品的价格作为诱饵，引诱大学生大量购买其推销的商品，成为校园代理，但这些商品都是假冒伪劣商品，根本无法销售。

案例

校园代理骗局

某日，大学生小文在校园散步时遇到柯某，柯某手中拿着一瓶某品牌护肤品，声称自己是该护肤品推销员，并询问小文是否有兴趣做校园代理。看到小文有些迟疑，柯某补充道，只要成为校园代理就可以低价拿货，销售所得全部归校园代理所有。

小文对该品牌比较了解，对方报出的价格确实比市场上同类商品的售价低很多，而且身边很多女生都使用该品牌护肤品，自己不愁没有销路，于是便同意成为校园代理。随后，柯某从自己的车上拿出一箱护肤品，小文开箱检查了最上面的几瓶护肤品，确认是正品后，便向柯某支付了 800 元。柯某保证，如果护肤品销售不出去，可以联系他退货。

小文回到宿舍整理这箱护肤品时，才发现除了最上面的几瓶是正品外，其余均为假冒伪劣商品。

（资料来源：搜狐网，有改动）

（三）假装可怜，骗取同情

诈骗分子常常利用大学生的同情心，以钱包被盗、路费不够、没钱吃饭等理由向大学生借钱或要钱。由于借款或索要的钱财不多，部分大学生往往会乐于帮助对方，从而落入诈骗分子设下的圈套中。

不能给的“路费”

某日，就读于江西省南昌市某高校的小孙在校外逛街时，偶遇一名身穿黑色衣服、戴着手表、看上去很有气质的男子。对方自称是新加坡华裔，回国后途经江西玩了几天，准备去机场时发现身上的现金用光了，希望小孙借给他 2 000 元路费，稍后会让朋友以转账的方式还钱。小孙虽然有些迟疑，但还是用支付宝转给了对方 2 000 元。

在该男子搭乘出租车离开十几分钟后，小孙并没有收到对方的还款，再联系对方时，

发现自己的联系方式已经被拉黑。

派出所接到小孙的报警后，立即调取高校周边的监控视频，很快锁定了犯罪嫌疑人张某，并于当天下午将其抓获。据张某交代，与其同行的还有一男两女，他们四人经常出没在高校周边，专门以“借路费”为名骗取大学生的钱财。

（资料来源：豆丁网，有改动）

（四）骗取信任，寻机作案

诈骗分子常利用大学生单纯、容易接近的特点，寻找机会与大学生拉关系、套近乎。开始时，诈骗分子都会表现得十分慷慨，在骗取大学生的信任后便寻机作案，骗其财物。

（五）制造 ATM“故障”，盗取钱财

诈骗分子预先遮挡、堵塞 ATM 出卡口、取款口，并在 ATM 上张贴虚假服务热线告示，引诱大学生在银行卡被吞后拨打该服务热线，伺机套取密码并让大学生第二天去银行取卡。待大学生离开后，诈骗分子便来到 ATM 前，盗取卡内钱财。

课后互动

以小组为单位，就以下问题进行讨论。

（1）你经历过校园诈骗吗？如果经历过，它属于哪种类型的校园诈骗？

（2）你接到过诈骗电话吗？如果接到过，你是如何应对的？

单元二 学会防范与应对校园诈骗

案例引入——大学生识破骗局

某日，湖南农业大学一名大三学生小余接到自称银行工作人员的人的来电，对方告诉小余其银行账户已欠上万元。随后，对方为获得小余的信任，先给小余的支付宝转了 3 100 元，并要求小余将这 3 100 元和欠款一起转入指定账户。

由于前不久银行在学校举办过防诈骗科普活动，小余觉得事情有些蹊跷，于是以没钱为由稳住对方，并立即赶到银行核实情况。而后，银行工作人员证实这是一场骗局。

减少校园诈骗案件，除了依靠社会和学校的力量，还需要大学生自身提高防范意识，掌握正确的应对方法。

（资料来源：网易网，有改动）

一、校园诈骗的防范

大学生可以从以下几个方面防范校园诈骗。

（一）强化防范意识

“害人之心不可有，防人之心不可无。”大学生无论在何处，都要具备防范诈骗的意识。在校内，大学生应积极参加学校组织的安全教育活动，经常关注新闻报道的诈骗案件，多了解最新的诈骗形式，掌握防范诈骗的技能。在校外，大学生应对陌生人保持警惕，不轻易透露个人信息，让诈骗分子无机可乘。

（二）不感情用事

诈骗分子有时会雇用或胁迫老年人、未成年人实施诈骗，编造种种凄惨故事来博取大学生的同情。对于陌生人，大学生不能感情用事，更不能任其摆布。如果感情用事，一味“跟着感觉走”，往往容易上当受骗。

（三）不贪小便宜

天上不会掉馅饼，大学生对特别容易赚到的钱，特别是陌生人许诺的利益，一定要持怀疑态度，三思而后行。

（四）多与同学沟通

大学生之间应保持沟通，分享自己遇到的诈骗事件，避免他人上当受骗。当发现他人可能遭遇校园诈骗时，应及时伸出援手。

二、校园诈骗的应对

遭遇校园诈骗时，大学生应沉着、冷静，采取以下应对措施。

（一）稳住对方

尽量不让诈骗分子察觉自己已经生疑，继续和诈骗分子聊天，以免其逃脱，然后伺机寻求帮助。

（二）及时报警

立即向公安机关报案，并提供自己掌握的所有信息，如诈骗分子的外貌特征、口音，其提供的联系电话、银行账号等，以便公安机关侦查。

（三）以智取胜

在校园内遇到诈骗分子，可以请周围的同学协助，共同将诈骗分子扭送到保卫处，或请同学拨打校园报警电话求助；如果周围没有可以求助的同学，要想办法把诈骗分子引到

有保安、老师的地方并求助。在校外遇到诈骗分子，应设法逃脱并拨打 110 报警，或把诈骗分子引到人多的地方然后求助。

及时提醒，幸免财产损失

某日下午，某高校大学生唐某在校期间遭遇“冒充公检法”电信诈骗。对方谎称唐某涉嫌犯罪，并通过视频聊天、出示伪造证件等方式胁迫、诱骗唐某配合。在唐某按照诈骗分子的要求关闭短信通知、退出微信时，路过的裘某及时提醒唐某可能遭遇了电信诈骗，然后帮助其结束视频通话、拉黑诈骗分子微信并拨打 96110（反电信网络诈骗专用号码）报警，及时帮助唐某摆脱了诈骗分子的纠缠，使唐某避免了 2 万余元的经济损失。

（资料来源：百家号，有改动）

我国法律对诈骗人员的处罚规定

《刑法》第二百六十六条规定：“诈骗公私财物，数额较大的，处三年以下有期徒刑、拘役或者管制，并处或者单处罚金；数额巨大或者有其他严重情节的，处三年以上十年以下有期徒刑，并处罚金；数额特别巨大或者有其他特别严重情节的，处十年以上有期徒刑或者无期徒刑，并处罚金或者没收财产。本法另有规定的，依照规定。”

课后互动

以小组为单位，列举大学校园中最常出现的三种诈骗案件，讨论可采取哪些措施防范与应对这些校园诈骗。

单元三　认识校园贷

近年来，国家加强了对校园借贷的监管，并取得了初步成效。但仍有些不法分子在利益的驱使下，以各种形式引诱大学生贷款，从中收取高额利息，严重损害了大学生的合法权益，造成了不良的社会影响。

常见的校园贷类型

案例引入——大学生沉迷赌球，网贷130万后跳楼

大学生小郑原本品学兼优。大三暑假期间，喜欢足球的他鬼使神差地买起了足球彩票。刚开始小郑也不敢赌得太大，一局下注2元左右。但他下载的足球彩票软件较多，并且在每个软件上都有下注。

玩了两个月的足球彩票，赚了一些钱后，小郑感觉赚钱很容易，于是他开始慢慢加大赌注，下注的金额从2元增加到了50元、100元、200元。

然而好景不长，小郑随后便屡赌屡输。钱输得多了，人的心态也会发生改变。小郑也因为输钱变得很着急，他开始在网上找各种赚钱的方法。

有一天，他在网上看到了一位“大神”分享的帖子，帖子上称只要跟着“大神”下注，就能稳赚不赔。小郑像抓住了“救命稻草”一样，开始跟着对方下注。没想到这位“大神”根本就不能帮他赢钱，连着输了5天之后，小郑把身上所有的积蓄都输光了。

为了把钱赚回来，小郑便找同学借钱，后来又开始在网贷平台贷款。第一次，他贷了1万元，虽然这是他第一次贷款，可是他心里没有一丝恐慌，因为在他看来，只要赌球赢了，这笔钱可以立刻翻倍。

越赌越输，越输越赌，这是很多赌徒都有的心理，小郑也陷入了这样的循环。他的贷款金额也从1万元增加到30万元。将这些钱全部输光后，小郑已经不能再用自己的身份信息贷款了，于是他开始用同学的身份信息贷款，最后欠下130多万元。

一个没有工作的大学生，借了这么多钱又如何还得上？因为还不上钱，贷款公司开始频繁地给小郑和他的同学打电话、发短信催债，甚至还派了“外访组”到学校来催他们还债。渐渐地，越来越多的同学和家长收到了催债信息，有很多家长专门赶到学校找小郑讨说法，小郑的事终于藏不住了。

其实之前，小郑的家人也曾经试图挽救过他。父母拿出仅有的7万多元积蓄给小郑还款，但他拿着钱继续赌球，幻想依靠赌球翻身。第二次，父母又找亲戚朋友借了3万余元给小郑，希望他把钱还上后就不再赌了。除了父母，小郑的舅舅也曾经帮助过他，但都没能让他回头。

贷款公司依然在催债，为了偿还这些钱，小郑也尝试过打工，可是他辛苦干了20天，只赚了2 000多元，相对于欠款而言，这些钱简直就是杯水车薪。

大四寒假期间，小郑给父亲发了最后一条消息：“爸、妈，我对不起你们，来世再报答你们的养育之恩。”发完这条消息后，小郑就从学校附近一家宾馆的8楼跳下，生命永远定格在21岁。

（资料来源：网易网，有改动）

一、几种常见的校园贷陷阱

（一）注销校园贷

注销校园贷诈骗方法分为两类：一是针对在网贷平台注册了账号或有贷款记录的大学生，诈骗分子声称“根据国家相关政策，贷款账号需要注销，否则会影响个人征信”，引诱大学生从网贷平台提现，并转入指定账户；二是针对没有在网贷平台注册账号或无贷款记录的大学生，诈骗分子声称“他人盗用了你的身份信息，并在网贷平台注册了账号，目前该账号有一笔欠款，需要你还款后将账号注销”，然后引诱大学生转账。

（二）套路贷

诈骗分子以民间借贷为诱饵，引诱大学生签订虚高借款合同并伪造银行流水，制造该大学生已经取得合同约定的全部款项的假象。然后以各种借口认定该大学生违约，并使用语言威胁、上门骚扰、提起诉讼等方式讨要虚高借款。

（三）培训贷

诈骗分子以虚假招聘信息为诱饵，诱骗大学生前去面试，称“想得到这份工作，需要接受几个月的培训，培训费用从网络平台贷款即可，培训结束后会将培训费用全额返还”。一旦大学生贷款交费，诈骗分子便会消失。

谨防“培训贷”

“月薪 6 000 元还另有提成，一天只用工作 3 个小时，公司还包住宿，结业之后即具备高级舞蹈教练资格。”看到南宁市某家舞蹈培训机构招聘舞蹈学徒的信息后，小覃便前去应聘。

经过面试，店长熊某表示要得到这份工作，需要接受 3～5 个月的培训，培训费、进修费加上办理教练证的费用一共 27 800 元。如果舞蹈学徒在培训期内协助教练按照教学计划完成教学任务，这些费用将由公司来承担。

小覃觉得现在找工作不容易，粗略地浏览了一下协议书后就签字了。在此期间，两名男子要求她解锁手机，一番操作之后让她对着手机拍照。小覃以为这是办理入职手续的必经过程，于是没有在意。回家之后，她翻看手机记录时，发现自己通过两个网贷平台贷款了 27 800 元，加上利息，还款金额超过 3 万元。

小覃意识到上当受骗了，随即向劳动监察部门和公安部门报案。在两个部门的调解下，小覃与这家舞蹈培训机构签署了调解协议。但因为违反了此前签署的协议，按照协议书上的违约条款，小覃无奈支付了 8 000 元违约金。

（资料来源：搜狐网，有改动）

二、校园贷的危害

不良校园贷表面上能解决大学生的资金问题，为大学生的生活、学习、创业等提供便利，但实际上会带来很多危害。

（一）泄露大学生及相关人员的隐私

大学生申请校园贷时一般需要提供本人身份证信息、学生证信息、学信网信息、手机号码，以及家长、同学、朋友的联系方式。放贷人员很有可能将这些信息随意出售，从而泄露大学生及相关人员的隐私。

（二）助长大学生过度、超前消费

部分大学生虚荣心、攀比心强，而经济实力又不足，于是以借贷的方式来满足自己的消费欲望。据调查，大部分申请校园贷的大学生，将钱用在了购买化妆品、服饰，或者娱乐上。大学生经济能力有限，一旦背上了大额债务，很难及时还清。

 案例

“乐于助人”反受牵连

小柳是西安市一所高校的学生，与张某是同班同学，两人平时关系很好。某年3月，张某告诉小柳，他想买一部5 899元的手机，但自己的生活费不够，想贷款购买。

“张某当时17岁，还没成年，没法在网贷平台上注册账户贷款，我当时刚成年，他就说想借用我的身份证办理贷款，然后他每个月再把钱还给我。”小柳说，因为两人关系很好，自己就同意了。

几天后，小柳陪张某来到西安一家手机专卖店，用自己的身份证在某金融App上注册了账号，申请贷款5 899元为张某购买了手机。5 899元分15期还款，每期494.14元，加上利息最终需还款7 412.1元。

“买了手机后，他每个月17日前都会给我转494.14元，用来还款。”小柳说，当年9月，张某退学了，之后几个月仍按时给自己转钱。“次年1月，还款期限快到了，他还没给我转钱，我打电话他不接，发微信也不回，彻底失联了。”

（资料来源：新浪网，有改动）

（三）危害大学生的身心健康

校园贷的利息往往很高，大学生在贷款之后需要承受沉重的还款压力，如图3-6所示。若不及时还款，放贷人员就会采用电话和短信“轰炸”的方式催收，或者向大学生的家长、同学、朋友等发催收信息，严重危害大学生的身心健康。

图 3-6　沉重的还款压力

“裸贷”终成悲剧

大学生阿花性格外向，面容姣好，但皮肤有些粗糙，这让阿花一直耿耿于怀。一天，同班同学告诉阿花，市中心有家美容院，只要一个疗程就可以改善皮肤状况，效果很好。在爱美之心的驱使下，阿花来到那家美容院，咨询后得知一个疗程需要 6 000 元。

经济拮据的阿花根本无力担负一个疗程的费用。一个偶然的机会，她发现某网贷平台有专门针对学生创业、消费类的“校园贷”业务。但根据借款条件，像阿花这种平时网络消费有限、信用有限的大学生，最多只能贷 3 000 元。一心要变美的阿花决定借 3 000 元，3 个月后一次性还清本金和利息。

于是，阿花急切地注册了账号，并按照网贷平台的要求，提供了自己和家人的详细资料。很快，阿花就收到了 3 000 元的贷款。兴奋的阿花拿着自己的全部积蓄和找同学借的钱，去美容院办理了一张价值 6 000 元的美容卡。

3 个月后，网贷平台提醒阿花该偿还贷款了，本息共计 5 776 元。阿花愣住了，她以为 3 000 元的借款只有几百元的利息。

阿花束手无策。无奈之下，她请求放贷人宽限一段时间。但放贷人告诉阿花，必须按合同执行，如果实在还不上，可以帮她想其他办法。阿花一听放贷人还能为她想办法，十分高兴，于是按照放贷人的指示，加了一个名为“旺仔”的人的微信。旺仔在微信中对阿花说，他可以借给她钱，但需要阿花提供物品做抵押，月息 50%，借款期限为一个月。

阿花犹豫了一下就答应了，因为对她而言，最重要的是解决现在的问题。于是她问旺仔：“你说的抵押是指什么呢？我只是个学生，没有什么值钱的物品可以抵押给你。”

旺仔说："很简单，只要你手持身份证拍一张裸照就可以了。按期还款付息，还完款后裸照就地销毁，就像这事没发生过一样。你们学校已经有上百个女生通过这种方式借钱了。给你的额度是 8 000 元，你考虑一下。"

为了解决眼前的困境，阿花同意了旺仔的抵押要求。最终旺仔借给了阿花 8 000 元，而实际只转给阿花 2 224 元，剩余的 5 776 元作为还款被直接扣除了。

一个月后，旺仔催促阿花偿还 12 000 元欠款，但阿花根本无力偿还。阿花不敢告诉家里，不敢和老师、同学提及。在之后的日子里，每当电话铃声响起，阿花都心惊胆战。她根本无法面对旺仔动辄要公布她裸照的威胁。

又过了半个月，旺仔给阿花的紧急联络人小瑞发了一张阿花的裸照，并告诉阿花再不还款，他就要公布裸照了。

在小瑞的劝说下，阿花将这件事情告诉了老师和家人。老师和家人权衡了利弊，最终选择了报警。

（资料来源：豆丁网，有改动）

（四）迫使大学生荒废学业

为偿还不良校园贷的高额利息，部分大学生不得不旷课打工来挣钱还款，从而荒废了学业。

三、校园贷的防范与应对

为避免陷入校园贷的泥潭，大学生在日常生活中应注意以下几点。

（1）树立正确的消费观念。大学生应以学习为主要任务，不应过度追求物质享受，不和同学攀比，在自己能够承受的范围内消费。

（2）制订消费计划，合理安排生活支出。自觉抵制过度、超前消费，适度参加各种聚会或团体活动。

（3）勤工俭学。如果生活费无法满足正常的生活开支，大学生可以通过校园兼职赚取生活费，如在食堂、图书馆打工，还可以在校外做家教、服务员等。

（4）在正规平台申请贷款。申请贷款时，不要轻易相信"低门槛发放贷款"的网贷平台，应通过正规的银行进行贷款。

（5）了解相关金融知识和法律知识。了解基本的金融知识，如贷款利息、违约金、滞纳金等收费项目的计算方法，了解与网贷、网络安全相关的法律常识，避免上当受骗。

大学生除了自己不要轻易贷款外，也要防范身边的人利用自己的身份信息贷款，以免因"被贷款"而背上沉重的债务。为避免"被贷款"，大学生应注意以下几点。

（1）不轻易透露私人信息，如家庭住址、父母工作及生活费用等。

（2）不轻易将身份证、学生证、银行卡等各类证件原件或复印件转借他人。

（3）不要轻易通过网贷平台帮助同学贷款，包括最信任的同学。

（4）如果发现被骗，及时通知老师或学校管理部门，必要时报警或通过法律途径解决问题。

五部委联合发文规范大学生互联网消费贷款监督管理工作

针对部分互联网金融平台以大学校园为目标，通过诱导性营销，发放针对大学生的互联网消费贷款，诱导大学生过度超前消费，导致部分大学生陷入高额贷款陷阱的现象，中国银保监会办公厅、中央网信办秘书局、教育部办公厅、公安部办公厅、中国人民银行办公厅于2021年联合印发《关于进一步规范大学生互联网消费贷款监督管理工作的通知》，从四个方面进一步规范大学生互联网消费贷款监督管理工作，切实维护大学生的合法权益。

一是加强大学生互联网消费贷款业务监督管理，明确未经监管部门批准设立的机构不得为大学生提供信贷服务，组织各地部署开展大学生互联网消费贷款业务监督检查和排查整改工作。

二是加大对大学生的教育、引导和帮扶力度，从提高大学生金融安全防范意识、完善帮扶救助工作机制、全面引导大学生树立正确消费观念、建立日常监测机制等方面，要求各高校切实担负起学生管理的主体责任。

三是做好舆情疏解引导工作，对于利用大学生互联网消费贷款恶意炒作、造谣生事的行为，指导相关单位主动发声、澄清真相，共同营造良好舆论环境。

四是加大违法犯罪问题查处力度，严厉打击针对大学生群体以套路贷、高利贷等方式实施的犯罪活动，加大对非法拘禁、绑架、暴力催收等违法犯罪活动的打击力度，依法打击侵犯公民个人信息的违法犯罪活动。

（资料来源：人民网，有改动）

课后互动

以小组为单位，就以下问题进行讨论。

（1）你身边有人使用校园贷吗？他们通常将钱花在了哪里？

（2）你知道什么是高利贷吗？高利贷有哪些危害？

小试牛刀

一、填空题

（1）____________是指诈骗分子通过社交软件等工具在网络上骗取他人财物的犯罪行为。

（2）____________是指诈骗分子以兼职刷单为诱饵，骗取受害者钱财的诈骗方式。

（3）常见的校园贷陷阱包括____________、____________、____________。

二、单项选择题

（1）杨某通过 QQ 与一女子相恋，被骗 8 000 元，他应（　　）。

A．继续与该女子聊天

B．删除对方的 QQ 号和其他信息

C．找到该女子，并要求对方还钱

D．打电话报警，并向警方提供相关信息

（2）一天，大学生李某收到一条中奖短信，短信中称交纳保证金后即可领奖。那么，李某应（　　）。

A．立即与对方联系，确认是否中奖

B．登录对方提供的网站，查询是否中奖

C．交纳保证金，等待领奖

D．对该短信置之不理，并告诫周围好友不要上当

（3）大学生小王想找一份兼职，积累社会实践经验，那么，他不可以做的工作是（　　）。

A．在学校餐厅勤工俭学　　B．在校外奶茶店打工

C．在网上给别人刷单　　D．家教

（4）下列选项中，不属于校园诈骗的是（　　）。

A．“国家机关人员”拨打某同学电话称“你涉嫌重大犯罪”

B．中国移动客服电话“10086”发短信通知某同学电话费余额不足

C．网购客服用电话指挥某同学通过 ATM 将钱转到所谓的“安全账户”

D．将假冒伪劣商品推销给大学生

（5）王某接到一个自称是其导师（口音很像）的人打来的电话，对方称自己换了手机号。第二天，“导师”在电话中要求王某给自己转钱应急，王某应（　　）。

A．立即通过 ATM 给对方转钱

B. 立即通过支付宝给对方转钱

C. 拨打导师原来的手机号，或者找到导师本人，确认信息的真伪

D. 向同学借钱，立马给导师转钱

三、判断题

（1）如果朋友通过QQ向你借钱，你应立刻借给他。 （ ）

（2）小平网购了一套衣服，没过多久，“客服”称衣服存在质量问题，并发来一个二维码。此时，小平应立即扫码并填写相关信息。 （ ）

（3）收到“有人为你点歌，请回复……”的手机短信后，最好不予理睬。 （ ）

（4）如果有人向你推荐“无门槛、零利息、免担保”的校园贷，你应委婉地拒绝。 （ ）

四、简答题

（1）大学生应如何防范校园诈骗？

（2）大学生应如何应对校园诈骗？

（3）大学生应如何防范与应对校园贷？

学习成果评价

指导教师根据学生对本模块的实际学习成果对其进行评价，学生配合指导教师共同完成表 3-1 所示学习成果评价表。

表 3-1 学习成果评价表

<table>
<tr><td>班级</td><td></td><td>组号</td><td></td><td>日期</td><td></td></tr>
<tr><td>姓名</td><td></td><td>学号</td><td></td><td>指导教师</td><td></td></tr>
<tr><td>学习成果/模块名称</td><td colspan="5">识诈防骗亮慧眼</td></tr>
<tr><td>评价项目</td><td colspan="2">评价内容</td><td>评价方式</td><td>满分/分</td><td>评分/分</td></tr>
<tr><td rowspan="5">知识
40%</td><td colspan="2">网络诈骗、电信诈骗、“两卡”犯罪诈骗、其他诈骗</td><td rowspan="5">理论测试</td><td>8</td><td></td></tr>
<tr><td colspan="2">校园诈骗的防范与应对方法</td><td>8</td><td></td></tr>
<tr><td colspan="2">常见的校园贷陷阱</td><td>8</td><td></td></tr>
<tr><td colspan="2">校园贷的危害</td><td>8</td><td></td></tr>
<tr><td colspan="2">校园贷的防范与应对方法</td><td>8</td><td></td></tr>
<tr><td rowspan="4">技能
40%</td><td colspan="2">识别各类校园诈骗</td><td rowspan="4">实践操作</td><td>10</td><td></td></tr>
<tr><td colspan="2">防范与应对各类校园诈骗</td><td>10</td><td></td></tr>
<tr><td colspan="2">识别各类校园贷陷阱</td><td>10</td><td></td></tr>
<tr><td colspan="2">防范与应对校园贷</td><td>10</td><td></td></tr>
<tr><td rowspan="5">素养
20%</td><td colspan="2">积极参加教学活动，主动学习、思考、讨论</td><td rowspan="5">综合评判</td><td>6</td><td></td></tr>
<tr><td colspan="2">认真负责，按时完成学习任务</td><td>4</td><td></td></tr>
<tr><td colspan="2">谦虚勤勉，能够认识自己的不足</td><td>4</td><td></td></tr>
<tr><td colspan="2">团结同学，热情友善</td><td>4</td><td></td></tr>
<tr><td colspan="2">守正创新，自信自强</td><td>2</td><td></td></tr>
<tr><td colspan="4">合计</td><td>100</td><td></td></tr>
<tr><td>自我评价</td><td colspan="5"></td></tr>
<tr><td>教师评价</td><td colspan="5"></td></tr>
</table>

模块四

消防安全皆有责

知识目标

- 了解火灾的成因与预防。
- 掌握火灾发生时的应急措施、火灾逃生要诀和逃生禁忌。
- 掌握常用的灭火方法，了解灭火器的种类和使用方法。

素质目标

- 了解我国古代防火措施，感受古人的智慧，增强火灾防范意识。
- 了解我国研制的全球首创新型救援装备，增强科技强国、创新强国意识。

单元一 了解火灾的成因与预防

火可以给人类带来光明、温暖和健康，同时，火也可以给人类带来灾难和不幸。火一旦失去控制，形成火灾，就会毁掉人类通过辛苦劳动创造的物质财富，甚至夺去人的生命，造成难以挽回的损失。

案例引入——不规范充电引发火灾

某高校女生宿舍发生火灾，宿舍楼内到处弥漫着浓烟。着火的宿舍楼可容纳 3 000 余人，火灾发生时大部分学生都在楼内，所幸消防员及时赶到将学生紧急疏散，才没有造成人员伤亡。经调查，宿舍最初起火的物品是书桌上的接线板，当时该接线板插着两台可充电台灯和另一个多孔接线板。接线板连接不规范，且长时间充电，最终导致电线发生短路，爆出的火星引燃接线板附近的窗帘、床单、被子等可燃物，造成火灾。

（资料来源：百度文库，有改动）

一、校园火灾的成因

宿舍违规用火终酿大祸

大学校园是师生聚集的场所，纵观近年来在校园内发生的火灾事故，很多都是人为因素造成的。

（一）明火引燃

1. 随意丢弃烟头

烟头表面温度为 200～300℃，中心温度可达 700～800℃，超过了棉、麻、毛织物、纸张、木材等可燃物的燃点。一些学生乱扔烟头，一旦燃烧着的烟头与可燃物接触就容易引燃可燃物，甚至酿成火灾。

案例

乱扔烟头险酿火灾

某日下午，浙江某高校南校区 5 号学生宿舍楼的管理员突然闻到阵阵异味。这时，一名学生匆匆跑来告诉他 5216 号宿舍着火了，但打不开宿舍的门。管理员立即带着钥匙上楼查看。打开 5216 号宿舍的门后，管理员发现宿舍内烟雾缭绕，空无一人。经检查，原来是晒在阳台栏杆上的棉被着火了。管理员立即打电话给保卫处、后勤处，并火速进行扑救。

经了解，5616号宿舍的陆某将未完全熄灭的烟头从阳台丢出，烟头刚好落在5216号宿舍外晒着的棉被上，导致棉被着火，所幸发现及时且采取了有效措施，才没酿成火灾。事后，陆某主动检讨了自己的错误，对自己的行为感到后悔，并主动赔偿了损失。

（资料来源：百度文库，有改动）

2. 随意燃点蚊香

夏季蚊虫较多，为了消灭蚊虫，许多大学生会在宿舍点蚊香。蚊香具有很强的阴燃能力，点燃后没有火焰，但能长时间燃烧，中心温度可高达700℃，超过了宿舍内多数可燃物的燃点，一旦接触可燃物就可能引起燃烧，甚至扩大成火灾。

3. 违规使用蜡烛

点燃的蜡烛作为一种可以移动的火源，稍不小心就可能烧熔或者倒下，遇可燃物容易引起火灾，因此很多高校禁止大学生在宿舍内使用蜡烛。但是，少数大学生对学校的规定置若罔闻，在夜晚熄灯后仍用蜡烛照明或在节日时用蜡烛庆祝，最终酿成悲剧。

4. 在树林中、草坪上违章用火

在树林中和草坪上吸烟、野炊、烧荒，都可能引发火灾。树林中、草坪上有较多落叶和枯草，天气干燥时遇到火种，极易引发火灾。

（二）电气火灾

在校园中，引起电气火灾的主要原因如下。

1. 使用违规电器

高校的建筑物供电线路和供电设备都是按照实际使用情况设计的，大学生在宿舍内使用各种违规电器（见图4-1），如“热得快”、电炉、电饭锅、电吹风等，易使供电线路过载发热，加速线路老化而起火。

图4-1　各种违规电器

案例

使用违规电器引发火灾

某高校女生宿舍楼发生火灾，火势迅速蔓延，其中 4 名女生在消防人员赶到之前，从 6 楼宿舍阳台跳楼逃生，不幸全部坠亡。火灾事故原因初步判断是学生前一天晚上在宿舍使用“热得快”，停电后没有拔下插头，第二天早上宿舍来电后，“热得快”干烧导致线路短路，爆出的火星将周围可燃物引燃。

（资料来源：搜狐网，有改动）

2. 私拉乱接电线

随着学生宿舍电脑、电视机、空调等用电器具的逐步普及，有的学生私拉乱接电线（见图 4-2），增加了线路负荷。加上使用的大多是低负荷的电线，这些电线长期超负荷运行后易发热，绝缘层自燃导致短路，继而引发火灾。

图 4-2　私拉乱接电线

（三）违反实验室操作规程

大学生在实验中若违反操作规程，也可能引起火灾。例如，使用有电感的实验设备时，用物品覆盖在散热孔上，使设备聚热，导致设备燃烧；用火时，未将周围的可燃物清理干净，火星飞溅到可燃物上引发火灾。此外，做化学实验时，将某些化学试剂混在一起，剧烈的化学反应可能引发爆炸事故或火灾事故。

二、火灾的预防

火灾对人身安全造成的危害，主要有烟雾中毒、窒息、高温灼伤等。在火灾发生的同

时，还可能伴随着爆炸、建筑物坍塌等恶性事故，其危害更为复杂和严重。据统计，火场人员吸入有毒有害烟气死亡是造成火灾亡人事故的主要原因。大学生必须从自我做起，从身边的小事做起，重视并做好火灾的预防工作。

（一）校园防火

（1）在教室、实验室学习和做实验时，要严格遵守各项安全管理规定、操作规程和有关制度。例如，使用实验仪器前，应掌握操作方法并认真检查电源、电线、辅助仪器等的情况，做好准备工作后再进行操作；使用完实验仪器，应关闭电源、火源、气源、水源等，还应清除杂物和垃圾。

（2）在宿舍，应自觉遵守宿舍安全管理规定，不私拉乱接电线，不使用“热得快”、电炉、电饭锅等违规电器，不使用明火，不将易燃易爆物品带进宿舍，不焚烧物品等。此外，发现安全隐患，应及时向管理人员或有关部门报告；宿舍无人时，应关掉电器和电源开关。

电器使用不当，险酿火灾

湖南某高校2号学生宿舍楼一宿舍饮水机自燃，所幸当时正好有学生在宿舍，及时发现并采取了有效措施，才没有酿成火灾。经调查，饮水机自燃的原因为干烧。该饮水机的温控器失灵，在饮水机内已经没有水的情况下，加热棒持续升温，导致线路短路，引燃了电线。

（资料来源：百度文库，有改动）

（3）在树林中或草坪上游玩时，严禁使用明火，在秋冬季节及干旱天气，应尤其注意防火，一旦发生险情，应及时报警。

（二）家庭防火

家庭生活离不开火，但若用火不慎，也会酿成火灾，所以在家庭生活中要时时处处注意用火安全，防止火灾发生。

1. 安全使用燃气

用燃气做饭时，要注意通风，尽量不要离开厨房，以防汤水溢出浇灭火焰，造成燃气泄漏；用完燃气后，要关好阀门、开关。

一旦发现燃气泄漏，要立即打开窗户，并迅速关闭阀门，切忌打开灯、排风扇、抽油烟机等电器，也不要打电话，以防泄漏的燃气遇电火花燃烧。若闻到很浓的臭鸡蛋味，应立即大声叫喊，用最快的方式通知周围的邻居熄灭明火，勿开电器，随后立即查找漏气部位并及时进行处理。自行处理不了时，要迅速离开泄漏区，在户外拨打119报警。

2. 安全使用炉火

不要在炉火旁放柴草、废纸等物品。生火时，不要使用汽油、煤油等助燃物，以防其猛烈燃烧引起火灾。烘烤衣服、被褥等物品时，不能使其离炉火太近，而且要留心看管，防止其因烘烤时间过长而被引燃。最后，要在确定炉渣完全熄灭后，再将其倒在安全的地方。

3. 安全用电

日常生活中，要注意安全用电，如图 4-3 所示。要经常检查电气线路，发现导线绝缘层破损或老化，要及时更换。在需要安装保险丝的用电线路中，要安装合适的保险丝，千万不能用大号保险丝或金属丝代替，以防电线漏电、短路。另外，使用家用电器的时间不宜过长，使用完毕后要及时切断电源。

图 4-3　注意安全用电

4. 正确处理烟头和燃放烟花爆竹

将未完全熄灭的烟头随意乱扔，一旦烟头接触可燃物，就很容易将其引燃，甚至酿成火灾。要将烟头扔进烟灰缸或其他安全的地方，并保证其已完全熄灭。

腾空而起的烟花爆竹，其火星落在严禁烟火的地方或可燃物上即有可能引发火灾。燃放烟花爆竹时，要选择安全的场地，一般应远离公共场所、仓库和放有易燃易爆物品的地方。

（三）公共场所防火

商场、电影院、图书馆、饭店等公共场所人员密集，为了防止发生火灾，进入这些场所时，不应携带油漆、酒精、烟花爆竹等易燃易爆物品。进入公共场所后，要注意观察安全逃生标识和逃生路线，找到安全出口和逃生通道，一旦遇到火灾，要尽快安全、有序撤离。

网吧是大学生经常光顾的公共场所。大学生去网吧时，要仔细观察网吧是否存在火灾隐患，对出口少、通道窄、电线乱的网吧，要提高警惕，不能去无证经营的网吧。

（四）山林防火

许多位置偏远的学校地处山林之间，大学生较常出入山林。山林作为国家的宝贵财富，一旦发生火灾，将会造成巨大损失。

为有效防止山林火灾的发生，首先要杜绝人为火种，大学生要严格遵守山林管理的规章制度，不在山林地区吸烟、野炊和举办篝火晚会等活动。其次，要采取一定的防护措施，如在山林周围设置一定宽度的防火隔离带，隔离可燃物。此外，应及时清理山林内的采伐剩余物，以防大量的采伐剩余物堆积产生高温引起自燃，进而引发火灾。

华彩流光

我国古代防火措施

我国古代防火措施在《周易》中可见端倪：“水在火上，既济；君子以思患而豫防之。”此后，东汉史学家荀悦在《申鉴·杂言》中又将这一言论进一步升华并概括为“防为上，救次之，戒为下”。火灾“防患于未然”的理论思想由此奠定。

我国历代君主都将防范和治理火灾列为国家管理的重要内容之一，并为此建立了相应的管理制度。例如，为及时救灾抢险，西汉时期，长安城内每街设一亭，共设十六个街亭；唐朝时期，长安城内虽未设街亭，但建有武侯铺，武侯铺内配备了各种灭火工具，如水袋、溅筒灭火器等。

宋朝时期，开封城内筑有许多四十八尺（约十六米）高的望火楼，士兵站在楼上，一旦发现城中起火，就会马上发出警报，随后，消防人员即会根据收到的警报组织灭火。

（资料来源：搜狐网，有改动）

课后互动

以小组为单位，就以下问题进行讨论。

（1）在校园生活中，你做过哪些容易引起火灾的事情？

（2）在日常生活中，应如何预防火灾？

单元二 学会火灾自救与逃生

案例引入——凌晨遇火灾，大学生讲述生死时刻

某日凌晨，广西某高校附近一民房发生火灾。据统计，此次火灾共造成在外租房的5名大学生死亡，24名大学生受到不同程度的烧伤。

据其中一名大学生李某回忆，当时，他突然被女友唤醒，此时屋内已被浓烟笼罩，味道刺鼻。李某见状，立刻拉着女友往屋外跑。然而，楼道内浓烟滚滚，能见度基本为零。他们捂住口鼻，摸着墙壁往前走，找到楼梯后，迅速往楼下跑。李某说："我以为是楼上着火了，所以往楼下跑。在奔跑的过程中，浓烟很呛人，全是塑料味，根本无法呼吸。"

跑到二楼时，一股热浪涌上来，李某才意识到起火点在楼下。而此时楼上的人不断往楼下跑，人群拥挤，李某无法掉头。正好二楼天台的铁门开着，李某便带着女友往二楼天台跑去。李某说，他喊其他人跟着自己走，但那些人十分慌乱，完全不听自己的指挥，而是一直往楼下冲去。

整栋楼住了七八十人，很多人都在逃跑过程中受了伤。其中，试图从一楼出口处冲出去的人受伤情况最为严重，甚至有几人死亡。

（资料来源：搜狐网，有改动）

火灾初发时，人们往往因惊慌失措或手忙脚乱而错失灭火良机，甚至失去生命。遇到火灾时，为保护自身安全，大学生应掌握一定的应急措施，学会自救与逃生。

一、火灾发生时的应急措施

（一）报警

发生火灾时，大学生应当第一时间按下火灾报警装置的按钮或拨打 119 报警，如图 4-4 所示。

图 4-4　拨打 119 报警

拨打火警电话时，一定要沉着、冷静。电话接通后，要迅速说明报警原因，并准确地报出发生火灾的地址（包括街名、门牌号等）、火势大小、火灾范围、有无人员被困、是否发生爆炸或有无毒气泄漏等。若不清楚具体地址，要说出大致方位、周围的标志性建筑等。同时，要告诉对方自己的姓名和电话号码，以便后续联系。打电话过程中，注意听清对方提出的问题，并正确回答。

挂断电话后，应立即亲自或让人到十字路口等候消防车，以引导消防车迅速赶到火灾现场。

（二）扑救

（1）在火灾初起时，应及时灭火，不要贸然开门窗，以免空气对流，加速火势蔓延。

（2）若发生电气火灾，应迅速切断电源，再用干粉灭火器或二氧化碳灭火器灭火；若燃气泄漏发生火灾，可将湿毛巾盖在着火的地方，同时迅速关闭燃气阀门；若油锅起火，千万不要用水扑灭，更不要直接用手去端锅，应立即拿起锅盖盖在油锅上或将切好的菜放入油锅中。

（3）若存放易燃易爆危险品的场所发生火灾，必须尽快采取防爆措施，如关停受火灾威胁的设备，对压力容器进行泄压处理等。

（4）若发现有人被大火围困，要在确保自身安全的前提下采取各种措施，救出被困人员。

（5）在消防人员到达后，应及时向其介绍已查明的火情，如火场内有无人员被困、是否存在危险物品等。

（6）扑灭初起火灾后，应协助消防人员保护好火灾现场，以便消防部门调查火灾原因与损失情况。

（三）烧伤急救

发生火灾时，难免会有人受伤。大学生学会必要的急救方法，可以在危急时刻自救或救助他人。

若有人因火灾而烧伤，大学生可根据情况采取以下急救措施。

（1）立即将伤员抬出危险区。在火场发现伤员时，应立即将其抬出危险区，并将其暂时安置在附近比较安全的地方。

（2）用冷水冲洗烧伤处。若伤员身上还有火苗，则应当用水龙头喷水将火苗浇灭；若烧伤情况不严重，可用清水持续冲洗烧伤处不少于 20 分钟，以降低伤员的体表温度，冲掉伤口上的污物；若烧伤情况严重，应立即将伤员送往医院。

（3）剪去伤员身上的衣物。为了避免伤员身上的衣物与伤口粘连，应当及时用剪刀剪去伤员身上的衣物。操作时，要注意动作轻柔，不要硬脱衣物，以免对烧伤的皮肤造成二次伤害。

（4）用绷带包扎伤口。处理伤员的伤口时，应用医用纱布在伤口处缠绕 8～10 圈，然后用绷带包裹好，以防伤口感染。在包扎时，要注意不可对伤口做特殊处理（如弄破水泡、涂甲紫等有颜色的外用药），以免影响医生对伤员烧伤情况进行判断。此外，在包扎伤员的手、足时，应将各手指、脚趾分开包扎，以防粘连。

（5）对昏迷者进行人工呼吸。若伤员因吸入浓烟而窒息昏迷，应迅速将其安置在通风处，为其提供充足的氧气；若伤员呼吸困难，应立即对其进行人工呼吸。

（6）迅速将伤员送往医院。在对伤员进行简易救治后，应尽快将其送往附近医院进行检查和救治。

 **知识链接**

消防逃生工具

1．消防逃生面具

消防逃生面具（见图 4-5）是指在火灾逃生时用来防止有害烟雾和有害气体侵害的面具。消防逃生面具通常是由阻燃隔热材料制成，并设有滤毒罐，以过滤有害烟雾和有害气体。

图 4-5　消防逃生面具

消防逃生面具的使用方法如下：① 打开包装盒，取出消防逃生面具并撕开真空包装；② 拔掉滤毒罐前后孔上的两个红色橡胶塞；③ 从下巴处开始向上佩戴，将滤毒罐置于鼻子前方；④ 收紧头带，避免出现缝隙。

2．消防逃生绳

消防逃生绳是一种可在火灾中用于自救、救人或转移财物的工具。消防逃生绳一般由安全绳、安全带、缓降器、安全挂钩组成，并经过阻燃处理，具有耐火、耐高温等特性。

当逃生通道全部被火封堵时，被困人员应当保持冷静，通过正确使用消防逃生绳逃

生，如图 4-6 所示。消防逃生绳的使用方法如下：① 将安全挂钩固定在牢固的物体（如栏杆、柱子、窗框等）上；② 将安全带缠绕在臂部、腰间或腋下，调紧松紧扣；③ 将安全绳顺着窗户抛向楼下；④ 沿着墙面缓缓下降。

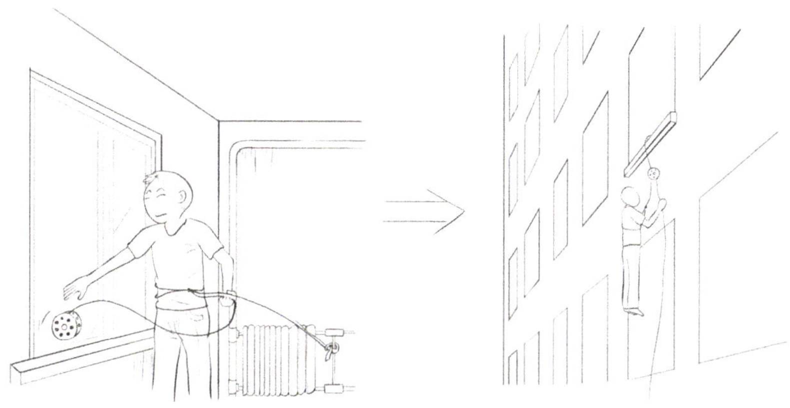

图 4-6 正确使用消防逃生绳逃生

二、火灾逃生要诀

（一）熟悉环境，记住出口

当身处陌生的环境（如商场、电影院、饭店等），为了自身安全，务必留心逃生通道、安全出口及楼梯方位等，以便发生火灾时能尽快逃离火场，如图 4-7 所示。

图 4-7 记住安全出口，尽快逃离火场

（二）扑灭小火，阻止燃烧

室内消火栓使用方法

在火灾初起阶段，若发现火势并不是很大，且对人身安全威胁不大，应迅速使用周围的消防器材（如灭火器、消火栓等）或其他合适的工具（如沙土、湿拖把等），将火扑灭。切不可因惊慌失措而使小火发展成为大火。

（三）辨明方向，迅速撤离

遇到火灾时，应首先保持冷静，然后迅速找准逃生通道、安全出口和避险点的方向，并判断自己所处位置与这些地方的距离，选择最合适的逃生路线，尽快撤离险地。不能盲目跟从人流奔跑或独自乱跑。

（四）简易防护，蒙鼻匍匐

火势较大时，逃生路线上的一些区域可能会充满烟雾，因此防止烟雾中毒和窒息至关重要。一般来说，烟雾较空气轻，多飘往空间上部，因此，贴近地面、匍匐而行（见图 4-8）是避免烟雾遮挡视线和减少吸入烟雾的有效方法。

图 4-8　贴近地面、匍匐而行

匍匐前进时，还可通过佩戴防毒面具、穿阻燃隔热服等来保护自身安全；若没有专门的消防工具，则可用湿毛巾、口罩蒙住口鼻，以减少有毒烟雾吸入。此外，用湿毛巾、湿棉被、湿毯子等将头部、身体裹好，也是避免自身受到伤害的有效逃生方法。

（五）善用通道，缓降逃生

一般来说，各建筑物内都会设置两个或两个以上逃生通道或安全出口。发生火灾时，大学生要根据实际情况从相对安全的通道或出口撤离火场。

在楼层不高、逃生通道被堵、救援人员未到的情况下，大学生也可以利用身边的绳子、床单、窗帘等自制简易逃生绳，并将其用水打湿，拴在窗框、床架或其他牢固物体上，然后从窗台或阳台沿绳缓滑到下面楼层或地面（见图 4-9），安全逃生。

图 4-9 沿绳缓滑到下面楼层或地面

（六）积极求救，固守待援

被烟火围困暂时无法逃离时，应尽量待在阳台、窗口等易被人发现或能避免烟火近身的地方，如图 4-10 所示。在白天，可以向窗外晃动鲜艳的衣物或反光的镜子，也可外抛轻物；在晚上，可用手电筒向外探照或用力敲击东西，及时发出有效的求救信号，引起救援人员的注意。

图 4-10 尽量待在能避免烟火近身的地方

在避难场所，应当尽可能地关闭与火场相连的门窗，并用湿毛巾、湿布堵塞门缝，或不断往门上和自己身上浇水。

全球首创新型救援装备助力火灾救援

2021 年 10 月，中联重工科技发展股份有限公司（以下简称“中联重科”）推出了两款全球首创新型救援装备——多功能制氮灭火消防车和大吨位无人驾驶消防车。这两款新型救援装备的面市，展现出我国在应急装备领域的领先技术和创新实力。

多功能制氮灭火消防车集氮气制取（该消防车配备每小时 900 立方米氮气制取系统，可就地取材，从空气中分离出氮气）、气体灭火、粉剂喷射灭火、三相射流（一种可以将不同介质的灭火剂按比例组合使用的功能）等功能为一体，具有极强的综合救援和灭火性能，可适用于带电设备起火和可燃气体燃烧等火情，也适用于图书馆、酒窖等密闭空间无损灭火。

大吨位无人驾驶消防车是中联重科科研人员结合灭火救援的实战特点，针对危化品爆炸、石油化工园区火灾等复杂火灾场景开发的产品。该消防车具备遥控驾驶、主动避障、遥控灭火等功能，可最大限度地降低救援人员的伤亡风险，为灾害救援提供安全保障。

（资料来源：第一工程机械网，有改动）

三、火灾逃生禁忌

（一）惊慌失措

发生火灾时，切不可因惊慌失措而盲目选择逃生路线或做出过激行为。盲目选择逃生路线会导致误入火灾情况较为严重的区域而受困，而砸门、砸窗等过激行为会增大受伤、受困的概率。

（二）盲目呼喊

发生火灾时，现场会产生大量的烟雾和有毒气体，盲目呼喊会吸入较多有害气体，损害健康。此外，烟雾的温度通常较高，吸入高温烟雾可能会导致呼吸道灼伤。

（三）贪恋财物

逃生时，不要因为穿衣服或寻找财物而浪费宝贵的逃生时间，更不要为了携带大件物品而影响逃生速度。

（四）乱开门窗

发生火灾时，大学生若在房间内，不要随意打开靠近火源的门窗，以免火势蔓延至房间内，但可以打开靠户外的窗户，使房间内的烟雾散去。

（五）乘电梯逃生

电梯的供电系统在火灾中随时可能会断电，且电梯门也可能因高温而变形，从而将人困在电梯内，因此，发生火灾时千万不要乘电梯逃生，如图 4-11 所示。

图 4-11　发生火灾时千万不要乘电梯逃生

（六）随意奔跑

在火场上切忌随意奔跑，以免被火烧伤。人在奔跑时会加速周围空气的流动，进而助长周围的火势。若身上沾染火苗，更不能奔跑，以免加速衣物燃烧。正确的做法是立即脱掉衣服或就地打滚，压灭火苗。

（七）跳楼逃生

在楼层较高的情况下，切忌跳楼逃生，而应当在相对安全的地方避险，等待救援人员到来。

安全小贴士

发生火灾时，若被火灾困在二楼，在紧急情况下，也可以跳楼逃生。在跳楼逃生前，应先向地面抛掷棉被、床垫等较为柔软的物品作为安全垫，然后用手扒住窗台或阳台，身体下垂，自然下落，以缩小下坠高度。

若被困于三楼及以上的楼层，则千万不要选择跳楼逃生，因为从高处坠落极易摔成重伤或导致死亡。

（八）往高处跑

火灾通常是从下往上蔓延的，且蔓延速度较快，因此在避险时应尽量向下逃离火场。若被迫逃到最高处，也应当站在上风向处，以争取救援时间。

互动空间

如果你的身上着火了，你会顺风跑，还是逆风跑？

课后互动

以小组为单位，进行以下模拟训练活动。

（1）在教室进行火灾逃生演习。

（2）有同学在火灾中被烧伤，请采取合理的急救措施进行救助。

单元三 掌握灭火技术

案例引入——发现火情即灭火，见义勇为获奖励

某日，山东省菏泽市一名大学生在路过某路口时，发现一辆电瓶车自燃。为防止电瓶车电池爆炸对路上的行人和车辆造成危害，该大学生立刻跑到附近的职教园，向安保人员说明情况后，拿起灭火器迅速返回起火点。

到达起火点后，他立刻拔下灭火器的保险销，站在起火点的上风口处，将灭火器喷嘴对准火源根部喷射。用完一瓶灭火器后，自燃的电瓶车仍有余火，幸运的是，消防人员及时赶到现场，将余火扑灭。

事后，该大学生被当地市政府授予“菏泽市见义勇为积极分子”称号，并获得1万元奖金。

（资料来源：百家号，有改动）

火灾发生后，如何有效地进行扑救，关键在于正确地选择灭火方法与使用灭火器。无论遇到哪类火灾，只要扑救及时、方法正确，就能迅速地将火扑灭，有效地减少损失。

一、常用的灭火方法

灭火的基本方法有四种：冷却灭火法、隔离灭火法、窒息灭火法和抑制灭火法。

（一）冷却灭火法

冷却灭火法是指将灭火剂（如水、液态二氧化碳、液态氮气等）直接喷射到燃烧物上，使燃烧物的温度降到燃点以下，进而使燃烧物停止燃烧的灭火方法。在火灾范围较大时，还可以将灭火剂喷射在火源附近的物体上，使这些物体不因热辐射作用而燃烧。

（二）隔离灭火法

隔离灭火法是指将燃烧物与周围未燃烧的可燃物隔离，使火因缺少可燃物而熄灭的灭火方法。具体方法包括以下几种。

（1）将燃烧物附近的可燃物、易燃物、易爆物和助燃物移走。

（2）关闭输送可燃气体或可燃液体的管道的阀门，以阻止可燃物质进入燃烧区。

（3）设法阻拦流散的可燃、易燃液体。

（4）拆除与火源相连的易燃物，形成防止火势蔓延的真空地带。

（三）窒息灭火法

窒息灭火法是指使火失去氧气而熄灭的灭火方法。具体方法包括以下几种。

（1）用沙土、水泥、湿麻袋、湿棉被等不可燃或难燃物覆盖燃烧物。

（2）用灭火器喷射干粉、泡沫等灭火剂覆盖燃烧物。

（3）将不可燃气体（如二氧化碳、氮气、四氯化碳等）灌注到发生火灾的空间，或将液化的不可燃气体喷洒到燃烧物上。

（4）将起火建筑或设备密封起来。

（四）抑制灭火法

抑制灭火法是指将化学灭火剂（如卤代烷灭火剂、干粉灭火剂等）喷射到燃烧物上，抑制燃烧反应从而使燃烧终止的灭火方法。

互动空间

如果在炒菜时，油锅突然起火，在你面前放有三样物品：锅盖、水和灭火器，你会采用哪种方法灭火？

油锅起火怎么办

二、灭火器的种类和使用方法

（一）灭火器的种类

1．干粉灭火器

干粉灭火器（见图 4-12）是指内部充装干粉灭火剂（主要是磷酸铵盐、氯化钠、氯化钾等干燥、易于流动的微细固体粉末）的灭火器。干粉灭火器使用方便、有效期长，一般家庭使用的灭火器都是这一类型。干粉灭火器主要用于扑救 A 类、B 类、C 类初起阶段的火灾。

图 4-12　干粉灭火器

知识链接

火灾的类型

根据可燃物的类型和燃烧特性不同，可将火灾划分为 A、B、C、D、E、F 六种类型。

（1）A 类火灾是指由固体物质燃烧所造成的火灾。造成这类火灾的固体物质（如木材、干草、煤炭、棉、麻、纸张等）通常具有有机物性质，在燃烧时能产生灼热的余烬。

（2）B 类火灾是指由液体或可熔化固体物质燃烧所造成的火灾，如由煤油、柴油、甲醇、乙醇、沥青等燃烧造成的火灾。

（3）C 类火灾是指由气体燃烧所造成的火灾，如由煤气、天然气、氢气等燃烧造成的火灾。

（4）D 类火灾是指由金属燃烧所造成的火灾，如由钾、钠、镁、锂等燃烧造成的火灾。

（5）E 类火灾是指由带电物体燃烧所造成的火灾。

（6）F 类火灾是指由烹饪器具内的烹饪物（如动植物油脂）燃烧所造成的火灾。

2. 泡沫灭火器

泡沫灭火器（见图 4-13）是指能喷射出大量二氧化碳和泡沫，使可燃物与空气隔绝，进而达到灭火目的的灭火器。泡沫灭火器可用于扑救 A 类火灾，也适用于扑救 B 类火灾中由油制品、油脂等引起的火灾，但不能用于扑救 B 类火灾中由水溶性可燃、易燃液体（如醇、酯、醚、酮等）所引起的火灾。

3. 二氧化碳灭火器

二氧化碳灭火器（见图 4-14）是指内部充装液态二氧化碳的灭火器。二氧化碳灭火器灭火性能高、毒性低、腐蚀性小、灭火后不留痕迹，使用比较方便，适用于扑救 A 类、

B 类、C 类、E 类火灾，常配备于实验室、计算机房、变配电所等对设备维护条件要求较高的场所。

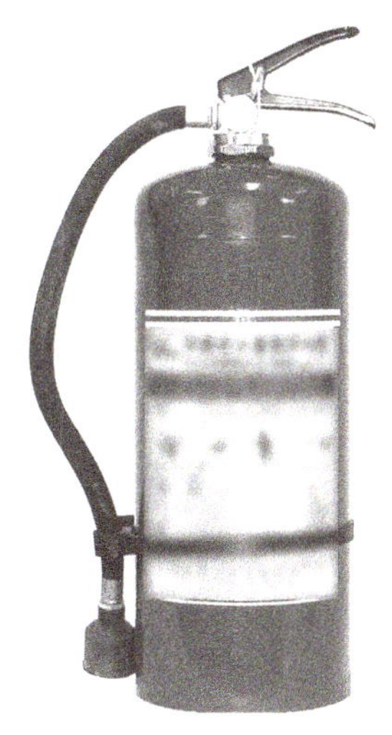

图 4-13 泡沫灭火器

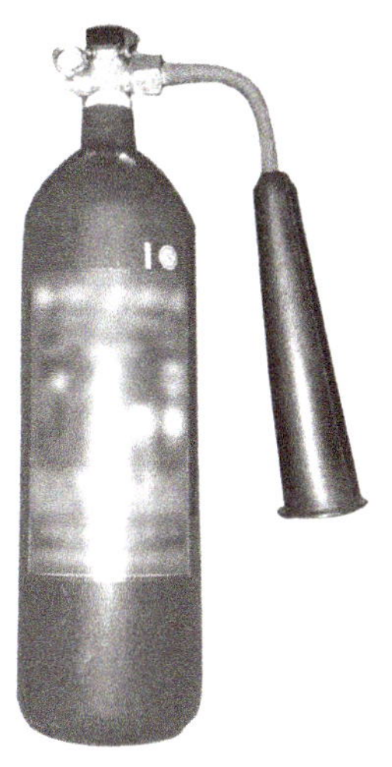

图 4-14 二氧化碳灭火器

（二）灭火器的使用方法

灭火器种类不同，使用方法也略有不同，其具体使用方法一般会绘制在瓶体上，大学生在使用前应注意查看。下面介绍干粉灭火器的使用方法。

第一步（见图 4-15）：将灭火器瓶体颠倒几次，使瓶内干粉松动。

第二步（见图 4-16）：除掉灭火器上方的铅封，拔掉保险销。

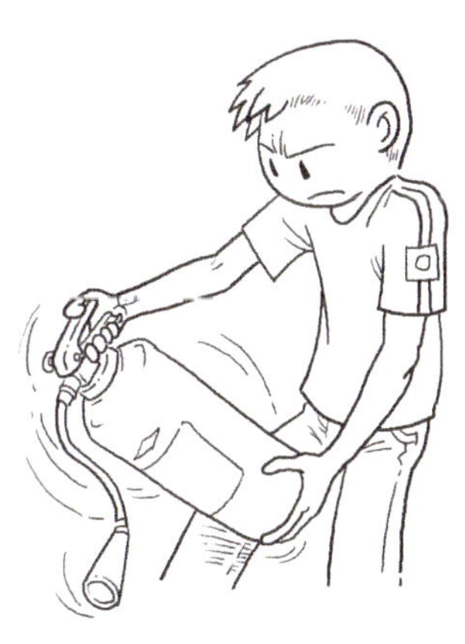

图 4-15 第一步

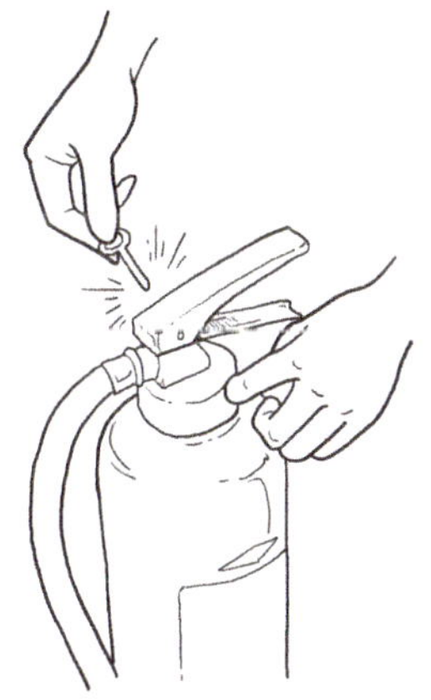

图 4-16 第二步

第三步（见图 4-17）：一手握着喷管，一手提着压把。对于无管灭火器，则应一手端住瓶底，一手提着压把。

图 4-17 第三步

第四步（见图 4-18）：在距火焰 2～3 米的地方用力压下压把，对准火焰根部喷射，直至火焰熄灭。

图 4-18 第四步

安全小贴士

（1）灭火时，人应站在上风向处。

（2）不能将灭火器的上盖和底端对着人体，以防上盖和瓶底弹出伤人。

（3）不与水同时喷射，以免影响灭火效果。

（4）扑灭电气火灾时，应先切断电源，以防触电。

（5）禁止对着人体直接喷射，尤其是面部，否则后果会很严重。

（6）扑救液体物质燃烧所造成的火灾时，应从燃烧液面的边缘开始喷射，切忌直接对准液面中央喷射，以免燃烧的液体溅射。扑救固体物质燃烧所造成的火灾时，应将喷嘴对准燃烧最猛烈的地方喷射，以迅速灭火。

课后互动

如图 4-19 所示，小明使用手提式二氧化碳灭火器灭火。以小组为单位，讨论图中的错误之处，并说明正确的灭火方法。

图 4-19　小明使用手提式二氧化碳灭火器灭火

小试牛刀

一、填空题

（1）遇火灾时，应拨打的报警电话是____________。

（2）烟头表面温度为____________，中心温度可达____________，一旦与可燃物接触就容易引燃可燃物，甚至酿成火灾。

（3）火灾逃生禁忌包括____________、____________、____________、____________、____________、____________、____________、____________。

二、单项选择题

（1）不会引起校园火灾的做法是（　　）。

A．随意丢弃烟头

B．使用违规电器

C．使用有电感的实验设备时，用物品覆盖在散热孔上

D．使用手机充电线给手机充电，并及时拔掉充电线

（2）当发现燃气泄漏时，下列做法中不正确的是（　　）。

A．立即打开窗户，并迅速关闭阀门

B．打开排风扇，并立即打电话告诉他人

C．若闻到很浓的臭鸡蛋味，应以最快的方式通知周围的邻居熄灭明火

D．立即查找漏气部位并及时进行处理

（3）报火警时，下列做法中不正确的是（　　）。

A．电话接通后，要迅速说明报警原因

B．告知对方自己的姓名和电话号码，以便后续联系

C．在不清楚具体地址时，要说不知道

D．注意听清对方提出的问题，并正确回答

（4）（　　）是指将灭火剂直接喷射到燃烧物上，使燃烧物的温度降到燃点以下，进而使燃烧物停止燃烧的灭火方法。

A．冷却灭火法　　B．隔离灭火法

C．窒息灭火法　　D．抑制灭火法

（5）若用①代表“除掉灭火器上方的铅封，拔掉保险销”、②代表“将灭火器瓶体颠倒几次，使瓶内干粉松动”、③代表“在距火焰 2～3 米的地方用力压下压把，对准火焰根部喷射”、④代表“一手握着喷管，一手提着压把”，则灭火正确的排序是（　　）。

A．②④①③　　B．②①④③

C．①②③④　　D．①②④③

三、判断题

（1）进入公共场所后，要注意观察安全逃生标识和逃生路线，找到安全出口和逃生通道。（　　）

（2）撤离火场时，要尽量往楼上跑。（　　）

（3）若发生电气火灾，应迅速切断电源，再用干粉灭火器或二氧化碳灭火器灭火。（　　）

（4）如果身上着了火，应立即脱掉衣服或就地打滚，压灭火苗。（　　）

（5）火灾发生后，可乘坐电梯逃生。（　　）

四、简答题

（1）如何做好校园防火工作？

（2）简述火灾逃生要诀。

学习成果评价

指导教师根据学生对本模块的实际学习成果对其进行评价，学生配合指导教师共同完成表 4-1 所示学习成果评价表。

表 4-1 学习成果评价表

班级		组号		日期	
姓名		学号		指导教师	
学习成果/模块名称	消防安全皆有责				
评价项目	评价内容		评价方式	满分/分	评分/分
知识 40%	校园火灾的成因及预防		理论测试	8	
	火灾发生时的应急措施			8	
	火灾的逃生要诀和禁忌			8	
	常用的灭火方法			8	
	灭火器的种类和使用方法			8	
技能 40%	预防火灾发生		实践操作	8	
	在发生火灾时采取适当的应急措施			8	
	在发生火灾时正确逃生			8	
	使用正确的方法灭火			8	
	熟练使用各类灭火器			8	
素养 20%	积极参加教学活动，主动学习、思考、讨论		综合评判	6	
	认真负责，按时完成学习任务			4	
	谦虚勤勉，能够认识自己的不足			4	
	团结同学，热情友善			4	
	守正创新，自信自强			2	
合计				100	
自我评价					
教师评价					

模块五

身心健康向光明

知识目标

- 了解大学生常见疾病的预防方法和应对措施，了解传染病的分类和管控办法。
- 了解大学生常见的心理问题，掌握预防和应对心理问题的方法。
- 了解传销的含义、类型，掌握鉴别传销的方法和误入传销组织的应对方法。
- 了解黄赌毒的危害。
- 了解校园暴力的类型、后果，掌握防范和正确应对校园暴力的方法。
- 了解防溺水相关的安全知识，掌握在水中遇到特殊情况时的自救方法。

素质目标

- 了解我国在乙肝病毒研究方面的新突破，培养脚踏实地、锐意进取的工作作风，树立创新理念。
- 学习我国法律对涉黄人员、赌博人员等的处罚规定，培养学法、懂法、守法、用法、护法的好习惯，增强法治意识。

单元一　关注身体健康

在校期间，大学生难免会遭遇一些突发疾病或公共卫生事件，如支气管哮喘、急性胃肠炎、流行性感冒、病毒性肝炎、肺结核、食物中毒等。若处理不当，不但会影响身体健康，而且会给学习、生活带来不便。

案例引入——误食野果，50余名学生集体中毒

某年4月6日，广西壮族自治区南宁市某小学出现群体性食物中毒现象，50余名学生被紧急送往当地医院接受治疗。当天下午两点多，该校老师发现一些学生在课堂上呕吐，遂查问缘由。原来，这些学生均吃了从校外捡来的一种名为“麻风果”的野果。

食物中毒事故在生活中时有发生，尤其是在集中供餐的学校更易发生。本案例中的学生因食用了来历不明的野果而导致食物中毒，可见学生的安全意识不够强，学校应加强对学生的安全教育，告诫他们不要轻易食用不熟悉的野果。

（资料来源：中新网，有改动）

一、大学生常见疾病的预防

（一）支气管哮喘的预防

支气管哮喘是一种常见病、多发病，临床以反复发作喘息、气促、胸闷为特征，并伴有咳嗽，肺部可闻及哮鸣音，多在夜间或清晨发作、加剧。支气管哮喘发病原因如下：① 感染病毒、细菌；② 吸入过冷空气、粉尘、刺激性气体等；③ 接触过敏原（如花粉、动物皮毛等）。

大学生可从以下几个方面预防支气管哮喘。

（1）注意环境卫生，避免吸入粉尘。

（2）加强体育锻炼，增强抗病能力。

（3）防止受凉，尤其要注意胸部保暖。

（4）避免接触过敏原。

（5）保持心态平和、心情愉悦。

（二）急性胃肠炎的预防

急性胃肠炎是一种十分常见的急性胃肠道疾病，多发于夏秋季节，临床表现为呕吐、腹痛、腹泻、便血等。急性胃肠炎发病原因如下：① 进食过冷、过热或粗糙的食物，划破胃黏膜；② 吃一些刺激胃黏膜的药物（如阿司匹林等），或喝烈酒、浓茶、浓咖啡等；③ 进食含有细菌或毒素的变质、腐败、受污染的食物；④ 精神紧张或发生过敏反应。

大学生可从以下几个方面预防急性胃肠炎。

（1）少吃辛辣、粗糙的食物，少服对胃黏膜有刺激作用的药物。

（2）规律饮食，不暴饮暴食，以免增加肠胃负担。

（3）注意饮食卫生，如饭前洗手，不吃流动摊点上的食物等。

（4）避免精神紧张，保持心情愉悦。

（三）常见传染病的预防

传染病是指由病原体引起，能在人与人、动物与动物或人与动物之间相互传染的疾病。下面介绍几种常见传染病的预防措施。

1. 流行性感冒的预防

流行性感冒简称“流感”，由流感病毒引起，起病急，传染性强，传播迅速，易造成大流行，有高热、头痛、全身酸痛、咽痛等症状，一般在发病三、四天后逐渐好转，严重者可并发肺炎等，甚至引起死亡。

保持良好的个人卫生和环境卫生是预防流感的有效途径。此外，若宿舍有流感患者，应每日开窗，保持空气流通。在流感期间，应少聚集。

2. 病毒性肝炎的预防

病毒性肝炎是由多种肝炎病毒引起的以肝脏炎症为主要表现的全身性疾病，具有传染性强、传播途径复杂、流行面广、发病率高等特点。已公认的肝炎病毒有甲型、乙型、丙型、丁型、戊型等，分别引起甲型肝炎（以下简称“甲肝”）、乙型肝炎（以下简称“乙肝”）、丙型肝炎、丁型肝炎、戊型肝炎，其中，甲肝和乙肝较为常见。病毒性肝炎的临床表现基本相似，主要有乏力、食欲减退、恶心、呕吐、肝肿大、肝功能损害，部分患者有黄疸与发热症状。

1）甲肝的预防

甲肝的传染源为急性期甲肝患者和亚临床感染者，主要经粪—口传播。

甲肝的预防要点如下。

（1）加强饮食卫生、饮水卫生，不食用易受污染的食物和水。

（2）聚餐时，要采用分餐制或使用公筷、公勺。

（3）流行期肌注丙种球蛋白，或接种甲型肝炎疫苗。

2）乙肝的预防

乙肝传染源为乙肝患者和乙肝病毒携带者。乙肝可通过围生期（怀孕后期或婴儿出生后的一段时期）母婴传播，又可经血液、被污染的医疗器械传播，也可由性接触传播。乙肝不通过消化道和呼吸道传播，所以日常接触（如握手、拥抱、一起吃饭等）一般不会传染乙肝。

乙肝的预防要点如下。

（1）注意养成饭前、便后洗手的习惯。

（2）不去卫生状况较差的美容美发店理发。

（3）不与患者共用餐具、洗漱用具等。

（4）严禁与他人共用注射器。

（5）定期注射或接种乙肝疫苗。

我国科学家获全球乙肝研究最高奖

北京生命科学研究所资深研究员、清华大学生物医学交叉研究院教授李文辉，凭借其在推动乙肝科研和治疗方面做出的杰出贡献，于 2020 年 11 月 12 日荣获全球乙肝研究和治疗领域最高奖——巴鲁克·布隆伯格奖。

乙肝是威胁人类健康的重要疾病，全球约有 20 亿人曾感染乙肝。在 2020 年，全球仍有超过 2.4 亿慢性乙肝患者，中国约有 8 000 万人感染乙肝病毒，每年约 30 万人死于慢性乙肝相关疾病。由于现有药物不能根治乙肝，病人必须终身服药。

乙肝病毒和丁肝病毒必须先与肝脏细胞表面的受体分子结合，才能进入宿主细胞。因此，找到病毒的受体，对于深入了解乙肝的感染机制、建立更好的体外和动物研究模型，以及研发出有效的新药，都至关重要。

然而寻找乙肝病毒的受体绝非易事。自巴鲁克·布隆伯格在 20 世纪 70 年代发现乙肝病毒后，全球的科学家就一直在寻找乙肝病毒感染人类肝脏的“金钥匙”。但是，40 多年过去了，科学家们仍一无所获。

经过不懈努力，李文辉团队于 2012 年 11 月终于找到了乙肝病毒和丁肝病毒入侵人体细胞的共同受体—— NTCP。乙肝病毒受体的发现，为乙肝研究开启了一扇新的大门。国际知名乙肝研究机构和制药公司，都在采用李文辉团队创建的研发技术体系开展后续研究和药物开发工作，乙肝治疗在未来也很可能进入全新的阶段。

（资料来源：人民网，有改动）

3．狂犬病的预防

狂犬病旧称“恐水症”，是由狂犬病毒引起的急性传染病，主要因被携带狂犬病毒的狗、狼、猫等咬伤而传染。患者怕风，因喉头痉挛而不敢饮水，神经极度兴奋可致狂暴和意识丧失，最后因窒息或呼吸循环衰竭而死。

狂犬病的预防要点如下。

（1）路上遇到凶狠的猫或狗时，应绕开走。

（2）不要随便逗陌生的猫、狗等动物。

（3）被动物咬伤后，除需紧急处理伤口外，还应及时注射狂犬病疫苗和高效价抗狂犬病血清。

知识链接

被动物咬伤后的急救措施

被猫、狗等动物抓伤或咬伤，应立即采取急救措施，具体方法如下。

（1）洗。立即用肥皂水反复清洗伤口20分钟左右。

（2）消毒。用75%的酒精或碘酒擦拭伤口内外。擦拭完毕后，不必包扎伤口。

（3）及时到医院处理伤口，尽快注射狂犬病疫苗和高效价抗狂犬病血清。

4. 肺结核的预防

肺结核是由结核分枝杆菌引发的肺部感染性疾病，通过呼吸道传播，是最常见的一种结核病。肺结核的传染源主要是排菌的肺结核患者。肺结核的症状因病期、类型和病变范围的不同而异，患者通常有倦怠、潮热、消瘦、咳嗽、咳血等症状。

肺结核的预防要点如下。

（1）避免接触患者。

（2）不随地吐痰，打喷嚏时要用手或手帕掩盖，及时清洗双手或手帕。

（3）接种卡介苗（由一种减毒的牛型结核杆菌变种制成的活菌苗）。

5. 性传播疾病的预防

性传播疾病是指通过性接触、类似性行为及间接接触传播为主要传播途径的疾病。根据《性病防治管理办法》规定，性传播疾病包括《中华人民共和国传染病防治法》规定的乙类传染病中的梅毒和淋病，我国重点防治的生殖道沙眼衣原体感染、尖锐湿疣、生殖器疱疹以及卫生部根据疾病危害程度、流行情况等因素，确定需要管理的其他性传播疾病等。

性传播疾病的预防要点如下。

（1）养成良好的个人卫生习惯，不使用他人的毛巾、盆、剃刀等；在公共场所（如饭店、游泳馆等）增强自我保护意识；不吸毒，不轻易使用进口的血液制品；等等。

（2）避免与患者或可疑带菌者发生性接触，自觉抵制各种婚外性关系和不正当的性行为，做到自尊、自爱。

安全小贴士

性病中除了尖锐湿疣和生殖器疱疹有可能复发外，大多数是可以根治的，因此，得病后不必过分担心，应尽快到正规医院遵医嘱治疗，不自行停药、增减药物等。除药物治疗外，良好的情绪、充足的营养与适当的锻炼也有益于尽快恢复健康。

知识链接

传染病的分类及管控

1. 传染病的分类

《中华人民共和国传染病防治法》规定的传染病分为甲类传染病、乙类传染病和丙类传染病。

甲类传染病是指鼠疫、霍乱。

乙类传染病是指传染性非典型肺炎、艾滋病、病毒性肝炎、脊髓灰质炎、人感染高致病性禽流感、麻疹、流行性出血热、狂犬病、流行性乙型脑炎、登革热、炭疽、细菌性和阿米巴性痢疾、肺结核、伤寒和副伤寒、流行性脑脊髓膜炎、百日咳、白喉、新生儿破伤风、猩红热、布鲁氏菌病、淋病、梅毒、钩端螺旋体病、血吸虫病、疟疾。

丙类传染病是指流行性感冒、流行性腮腺炎、风疹、急性出血性结膜炎、麻风病、流行性和地方性斑疹伤寒、黑热病、包虫病、丝虫病，除霍乱、细菌性和阿米巴性痢疾、伤寒和副伤寒以外的感染性腹泻病。

国务院卫生行政部门根据传染病暴发、流行情况和危害程度，可以决定增加、减少或者调整乙类、丙类传染病病种并予以公布。

2. 传染病的管控

根据《中华人民共和国传染病防治法》的规定，在发现各类传染病时，应采取不同的管控办法，以阻止或减缓疫情的传播扩散，最大程度保障人民生命安全。

（1）甲类甲管。

医疗机构发现甲类传染病时，应当及时采取下列措施：

① 对病人、病原携带者，予以隔离治疗，隔离期限根据医学检查结果确定；

② 对疑似病人，确诊前在指定场所单独隔离治疗；

③ 对医疗机构内的病人、病原携带者、疑似病人的密切接触者，在指定场所进行医学观察并采取其他必要的预防措施。拒绝隔离治疗或者隔离期未满擅自脱离隔离治疗的，可以由公安机关协助医疗机构采取强制隔离治疗措施。

疾病预防控制机构发现传染病疫情或者接到传染病疫情报告时，应当及时采取下列措施：

① 对传染病疫情进行流行病学调查，根据调查情况提出划定疫点、疫区的建议，对被污染的场所进行卫生处理，对密切接触者，在指定场所进行医学观察和采取其他必要的预防措施，并向卫生行政部门提出疫情控制方案；

② 传染病暴发、流行时，对疫点、疫区进行卫生处理，向卫生行政部门提出疫情控制方案，并按照卫生行政部门的要求采取措施；

③ 指导下级疾病预防控制机构实施传染病预防、控制措施，组织、指导有关单位

对传染病疫情的处理。

对已经发生甲类传染病病例的场所或者该场所内的特定区域的人员，所在地的县级以上地方人民政府可以实施隔离措施，并同时向上一级人民政府报告；接到报告的上级人民政府应当即时做出是否批准的决定。上级人民政府做出不予批准决定的，实施隔离措施的人民政府应当立即解除隔离措施。

在隔离期间，实施隔离措施的人民政府应当为被隔离人员提供生活保障；被隔离人员有工作单位的，所在单位不得停止支付其隔离期间的工作报酬。隔离措施的解除，由原决定机关决定并宣布。

省、自治区、直辖市人民政府可以决定对本行政区域内的甲类传染病疫区实施封锁；但是，封锁大、中城市的疫区或者封锁跨省、自治区、直辖市的疫区，以及封锁疫区导致中断干线交通或者封锁国境的，由国务院决定。疫区封锁的解除，由原决定机关决定并宣布。

发生甲类传染病时，为了防止该传染病通过交通工具及其乘运的人员、物资传播，可以实施交通卫生检疫。具体办法由国务院制定。

甲类传染病暴发、流行时，县级以上地方人民政府报经上一级人民政府决定，可以宣布本行政区域部分或者全部为疫区；国务院可以决定并宣布跨省、自治区、直辖市的疫区。县级以上地方人民政府可以对出入疫区的人员、物资和交通工具实施卫生检疫，并应当立即组织力量，按照预防、控制预案进行防治，切断传染病的传播途径，必要时，报经上一级人民政府决定，可以采取下列紧急措施并予以公告：

① 限制或者停止集市、影剧院演出或者其他人群聚集的活动；

② 停工、停业、停课；

③ 封闭或者封存被传染病病原体污染的公共饮用水源、食品以及相关物品；

④ 控制或者扑杀染疫野生动物、家畜家禽；

⑤ 封闭可能造成传染病扩散的场所。

上级人民政府接到下级人民政府关于采取上述紧急措施的报告时，应当即时做出决定。紧急措施的解除，由原决定机关决定并宣布。

（2）乙类乙管。

医疗机构发现乙类传染病病人时，应当根据病情采取必要的治疗和控制传播措施。

乙类传染病发生时，不必采取隔离、划分和封锁疫区、交通卫生检疫等措施。乙类传染病暴发、流行时，可采取和甲类传染病暴发、流行时相同的紧急措施并予以公告。

（3）乙类甲管。

乙类传染病在某些情况下也需要按照甲类传染病进行管控，这称为乙类甲管。对乙类传染病中传染性非典型肺炎、炭疽中的肺炭疽和人感染高致病性禽流感，采取甲类传染病的预防、控制措施。其他乙类传染病和突发原因不明的传染病需要采取甲类传染病

的预防、控制措施的，由国务院卫生行政部门及时报经国务院批准后予以公布、实施。

（4）丙类丙管。

医疗机构发现丙类传染病病人时，应当根据病情采取必要的治疗和控制传播措施。

二、中暑

中暑（见图 5-1）是指在高温、高湿和通风不良的环境下，人体体内产生的热能不能适当地向外散发，积聚而发生高热的病症。患者先会感到头痛、眩晕、心悸、恶心等，随即出汗停止、体温上升，如不及时抢救可致昏迷或死亡。

图 5-1 中暑

（一）中暑的预防

（1）盛夏期间，应做好防暑降温工作，如经常开窗，设遮阳窗帘，地面经常洒水等。

（2）合理安排作息时间，不宜在炎热的中午或强烈阳光下过多活动。

（3）穿单薄、浅色、宽松的衣服，以利散热，多饮凉开水、消暑饮料。

（4）出现头痛、心慌等情况时，应立即到阴凉处休息、饮水。

剧烈运动后易中暑

某年 9 月 19 日中午，大学生小周踢了两个小时的足球后，喝了半瓶冰镇矿泉水，随后感到头晕、恶心、浑身无力，于是前往医院就诊。

在医生的告知下，小周才知道自己中暑了。原来，人在大量出汗后喝冰水，易导致血管收缩，无法排汗，进而中暑。医生还叮嘱小周，大量出汗后不可直接对着空调吹风，也不能冲凉水澡，否则容易引起血管痉挛，严重的还会引起休克、脑水肿，甚至危及生命。

（资料来源：搜狐网，有改动）

（二）中暑的急救方法

（1）应尽快将中暑者移至清凉的地方，用凉的湿毛巾敷于中暑者的前额，用风油精涂抹中暑者的太阳穴，或用温水擦拭中暑者的身体，还可扇风为中暑者消暑。应注意的是，不要用酒精擦拭中暑者的身体。

（2）若中暑者情况比较严重，除将其移至清凉处外，还要让其躺下或坐下，并抬高下肢。同时，让其饮用凉开水、淡盐水、绿豆汤等清凉饮品，也可让其服用人丹、十滴水、藿香正气水等药物。若情况仍未好转，应立即将中暑者送往医院进行治疗。

小提示

中暑后，忌过量饮水，特别是过量饮用热水，正确的方法是少量、多次饮水；忌过量进食，特别是不能吃油腻、带腥味的食物，应尽量吃一些清淡的食物。

三、食物中毒

食物中毒是指健康人摄入正常量“可食状态”的污染食物或有毒食物而引起的以急性感染或中毒为主要临床症状的疾病，常见症状有恶心、呕吐、腹泻等。

（一）食物中毒的类型

根据病源的不同，食物中毒可分为细菌性食物中毒、真菌性食物中毒、化学性食物中毒、有毒动植物食物中毒四类。

1. 细菌性食物中毒

细菌性食物中毒是指因摄入被细菌或毒素污染的食物而引起的中毒，是食物中毒中较常见的一种。一般来说，食物被细菌或毒素污染主要有以下几个原因：① 禽畜在被宰杀前就是病禽、病畜；② 食物加工场所卫生状况差，蚊蝇滋生；③ 从业人员携带病菌；④ 没有按要求低温运输、保存食物；⑤ 未将被污染的食物烧熟、煮透。

由于夏季微生物生长繁殖旺盛，加之人们贪凉，常食用未经充分加热的食物，所以夏季是细菌性食物中毒的高发季节。

2. 真菌性食物中毒

真菌性食物中毒是指因摄入被某些真菌及其代谢物污染的食物而引起的中毒。食物发生霉变后一般会出现变色、变质、有异味及表面有霉菌等现象。不同真菌的繁殖情况因温度、湿度等不同而存在差异，因此真菌性食物中毒具有地区性和季节性特点。

3. 化学性食物中毒

化学性食物中毒是指因摄入含有亚硝酸盐、砷化物等化学性有毒物质的食物而引起的中毒。食物被化学性有毒物质污染主要有以下几个原因：① 食物被农药等化学制剂污染；② 食物中添加了禁止使用的添加剂；③ 食物储藏不当，造成营养素腐败、变质。

4. 有毒动植物食物中毒

有毒动植物食物中毒是指误食有毒动植物或因加工、烹调不当未能除去有毒成分的动植物食物而引起的中毒。常见可食用有毒动物包括河豚、海胆等，常见可食用有毒植物包括木薯、四季豆等。

互动空间

云南享有“野生菌王国”的美誉，同时也是野生菌中毒事件较频发的省份。根据云南省卫生健康委员会发布的数据，仅 2020 年 5 月至 7 月，云南省就发生野生菌中毒事件 273 起，造成 12 人死亡。

2～3 人一组，讨论食用哪些食物可能会引发食物中毒？

（二）食物中毒的预防

食物中毒是高校较常发生的公共安全事件，对大学生的身体健康具有一定的威胁性。大学生应树立食物安全理念，掌握必要的食物安全知识，做到健康饮食，预防食物中毒事件的发生。

（1）养成良好的卫生习惯，饭前、便后要洗手。

（2）选择新鲜和安全的食物。购买食物时，要注意查看食物是否变质，食物包装袋上是否印有厂名、厂址、生产许可证号等。

（3）注意饮食卫生。生吃蔬菜、水果等食物时，一定要将其洗干净；不要吃隔夜、变味的饭菜；不要食用腐烂、变质的食物或病死的禽肉、畜肉；不在卫生条件较差的路边摊进餐。

（4）妥善处理装有消毒剂、杀虫剂的容器，防止误用消毒剂、杀虫剂而引起中毒。

（三）食物中毒的应对

发生食物中毒事件时，大学生可以采取以下应对措施。

（1）立即停止食用可疑食物。进食过程中若出现腹胀、腹痛、恶心、呕吐等不适症状，首先应立即停止进食，然后拨打 120 急救电话求助。

（2）催吐。如果食物中毒发生在进食后的 2 个小时内，可采用催吐的方法。如果中毒者行动不便，已无法自己催吐，施救者应使中毒者侧卧，防止中毒者的呕吐物堵塞呼吸道引起窒息，并用手指或筷子刺激中毒者舌根部催吐，直至其呕吐物为较澄清的液体。同时要注意，若呕吐物中出现血丝，施救者应立即停止催吐，避免中毒者消化道损伤。催吐结束后，可以给中毒者喝水，以为其补充水分。

（3）导泻。如果中毒者食物中毒超过 2 个小时，并且尚有行动能力，则可使其服用适量泻药，将有毒食物排出体外。

（4）送入医院。如果中毒者意识模糊，失去行动能力，施救者应立即将其送往医院。

应当注意的是，发生食物中毒后，施救者应保存好中毒者的呕吐物（或排泄物）和吃过的食物，并将其交给医生用于检测，以方便医生进行诊治。

课后互动

以小组为单位，就以下问题进行讨论。

（1）如果学校暴发流行性感冒，你应采取哪些应对措施？

（2）如果有同学在体育课上中暑，你会如何处理？

（3）如果你的室友食物中毒，你会如何处理？

单元二 关注心理健康

案例引入——无法克服的疲倦

某高校大一学生李某性格内向，很少与同学交往，他学习认真但成绩始终不太理想。大一下学期，李某时常感到身体疼痛，到医院检查却一切正常。后来，李某每天都感觉很累，对什么都提不起兴趣；上课的时候注意力无法集中，记忆力也逐渐下降。李某觉得很痛苦，他在电话中对父亲说：“我病得很厉害。”但他的父亲并未重视，只是告诉他：“这些都是小问题，关键是成绩要好。坚持一下就能克服，要有毅力。”

李某努力按照父亲说的去做，但还是感觉越来越疲倦，身体和心理的双重压力使他几乎快要崩溃了。后来，李某被诊断出患有抑郁症，不得已办理了休学手续，到专业的心理咨询机构接受治疗。治疗一段时间后，李某的症状改善了很多。

（资料来源：百度文库，有改动）

大学生在体验丰富多彩的校园生活时，也面临着各种各样的压力。适度的压力能锻炼大学生的意志，但过重的压力可能会使大学生产生心理问题，扰乱其正常的学习和生活节奏。大学生应时刻关注自己的心理健康状况，学会采用正确的方法预防和应对心理问题。

一、大学生常见的心理问题

大学生常见的心理问题包括抑郁症、强迫症、焦虑症、恐惧症等。

（一）抑郁症

抑郁症是一种常见的心理障碍，患者的主要表现为孤独、自卑、自责、悲伤、绝望等。有的大学生对枯燥的学习不感兴趣，对刻板的生活方式感到厌烦，为社交不顺利而灰心丧

气，进而逐渐变得抑郁、悲观。长期抑郁严重危害身体健康，会导致患者失眠、反应迟钝、体力衰退，甚至使患者产生轻生的念头。

抑郁症的主要表现及治疗方法

大学生患抑郁症的比例较高。一方面，他们接触的新事物、新思想越来越多，价值观很容易受到消极因素的影响；另一方面，他们不了解社会的复杂性，分析和处理问题的能力不足，并且尚不具备良好的心理承受能力，遭遇挫折时很容易产生抑郁情绪。

一般来说，抑郁症与性格有一定的关系。内向且存在自卑心理的人在遭受挫折后很容易完全封闭自我，从而患上抑郁症；多愁善感、好思虑、敏感、依赖性强的人也容易患上抑郁症。

抑郁症导致轻生

一天夜晚，某高校女大学生小王一直没有回宿舍，宿舍长便将情况汇报给辅导员。辅导员多次拨打小王的电话，始终无人接听，便赶到宿舍了解情况。在桌子上，辅导员看到了小王留下的6封遗书。遗书中，小王表示自己饱受抑郁症折磨，一直失眠、食欲不振、浑身疼痛，已经产生了轻生的念头。看到遗书中的内容，辅导员立即拨打了报警电话。

警方根据小王舍友提供的信息展开搜寻工作，于次日凌晨在学校附近的湖边发现了小王的羽绒服。后来，小王被打捞上岸，但她已无生命体征。

启示：抑郁症看起来好像是由应激事件激发的，但实际上与患者的性格、成长经历、家庭环境等有很大关系。家长、老师和同学应当充分理解、支持、帮助抑郁症患者，这种帮助不仅仅是物质、经济方面的，更多的是心理方面的，如同学的善意提醒，老师的耐心聆听等。

（资料来源：百度文库，有改动）

（二）强迫症

强迫症是一种常见的神经症，患者明知某种想法或做法不必要，但无法控制自己而反复地想或做，因而非常痛苦。强迫症大多是由强烈而持久的精神因素和情绪体验所致，与患者以往的生活经历（尤其是幼年时期的遭遇）或精神创伤有一定的联系。患强迫症的大学生一般存在性格缺陷，如缺乏自信、过分谨慎、偏执、多疑等。

安全小贴士

强迫症的临床表现多种多样，一般分为强迫思维和强迫行为。强迫思维是指某些思想或某些想法不断重复出现，明知没有必要，但就是无法摆脱，如强迫回忆、强迫联想、强迫疑虑等；强迫行为则是指患者为了减轻因强迫思维所引起的焦虑，不由自主地做出的行为，如强迫计数、强迫检查、强迫洗手等。

案例

让人苦恼的强迫症

19 岁的小宇是一名大二学生。进入大学以来，他的生活习惯出现了一些变化：反复整理东西；走路觉得没走好会折回去，再走一次；洗手时反复冲洗，直到自己满意为止。这些变化严重扰乱了小宇的正常生活，为此他非常苦恼。

小宇的父母知道情况后，带着他去医院就诊。和心理医生沟通后，小宇被诊断为强迫症。原来，父母迫切希望小宇通过读书改变家里的经济状况，因此一直以高标准来要求他。父母管教过分严苛，使小宇变得优柔寡断，做事过分拘谨，从而慢慢患上了强迫症。

（资料来源：百家号，有改动）

（三）焦虑症

进入大学校园，大学生要适应新的学习和生活环境。部分大学生对自己的期望和要求过高，但实际能力不足，时间长了就容易患上焦虑症。焦虑症患者通常会感到紧张不安，经常提心吊胆却又说不出具体原因，注意力难以集中，学习效率较低。做事瞻前顾后，对新事物、新环境适应能力差。一般而言，胆小、怯懦的人容易患上焦虑症。

安全小贴士

焦虑症可分为急性焦虑症和慢性焦虑症。急性焦虑症常在患者受到某种急性精神创伤后突然发作，患者会莫名其妙地感到惊恐、心慌，并出现出汗、面色苍白、两手发抖等症状，这些症状可以持续几分钟或几个小时。慢性焦虑症临床表现为心悸、烦躁、忧郁等，患者易紧张，稍有刺激声和麻烦事就不能忍受，甚至大发脾气，事后能有清醒认知并常感到后悔。

案例

难以适应环境，大学生患上焦虑症

小闫是一名大一新生，前段时间他突然出现了紧张、呼吸急促、坐立不安的情况。经过心理医生的诊断，小闫是患上了慢性焦虑症。

心理医生表示，小闫刚进入大学校园，面对陌生的环境，一时难以适应；另外，他加入了三个社团，繁杂的工作让他无暇顾及自己的学习和生活，于是慢慢产生了焦虑情绪。

（资料来源：百度文库，有改动）

（四）恐惧症

恐惧症是一种对某些特定事物或情境有不能控制的恐惧的神经症，即使患者明明知道自己不会受到伤害，仍然会产生恐惧情绪。

恐惧症有很多种类，大学生通常容易患上的有社交恐惧症、考试恐惧症、工作恐惧症等。以社交恐惧症为例，此类恐惧症患者不敢接近陌生人，不敢在公开场合讲话，一说话就会脸红语塞、心跳加速、身体颤抖。

二、大学生心理问题的预防与应对

如何预防及应对心理问题

（一）心理问题的预防

大学生可以从以下几个方面来预防心理问题。

1．正视心理问题

心理问题是很常见的，也是不容回避的。大学生应该正确认识心理问题，必要时要及时咨询或求助心理医生。

2．了解自我，悦纳自我

大学生要对自己的能力、性格做出恰当、客观的评价，不对自己期望过高或要求过高，同时也要认识到自己对家人、朋友、社会的价值；坦然接受自身无法弥补的缺陷，学会悦纳自我，如图 5-2 所示。

图 5-2　悦纳自我

3. 接受他人，多交朋友

不过分在意他人的缺点，善于接纳、认可他人。多结交志同道合的朋友，有心事可以向信任的朋友倾诉。

4. 热爱生活，乐于学习

学会在生活中发现美好，享受人生的乐趣。在学习中，尽可能地发挥自己的聪明才智，并从中获得成就感和满足感，如图 5-3 所示。

图 5-3 在学习中获得成就感和满足感

5. 调节情绪，乐观开朗

大学生应学会调节自己的情绪，通过转移注意力等方式让愤怒、沮丧、悲伤等不良情绪尽快远离自己，做一个乐观、开朗的人。

6. 构建完整人格

完整的人格由气质、能力、性格、信念、动机、兴趣等组成。大学生参加运动、结交朋友、投身公益活动等都能帮助自己构建完整的人格，从而使自己在面对外界刺激时保持正常的情绪和行为。

7. 面对并接受现实

处于逆境，大学生应主动面对，然后想办法战胜它，一味逃避只会让自己不断失去信心，最终一事无成。面对失败，大学生也应坦然接受，不断积累经验，坚信自己能够战胜黑暗，迎来光明。

（二）心理问题的应对

1. 宣泄法

宣泄法是指运用各种方式发泄不良情绪的方法，如大哭、运动（见图 5-4）、写日记、向他人倾诉等。

图 5-4　运动

2．转移法

转移法是指通过愉快的活动转移注意力的方法。大学生如果被心理问题困扰，可以通过听歌、散步等活动来转移注意力。此外，转换环境在一定程度上也可以缓解心理压力，如果在室内感到压抑，可以去操场、公园等比较空旷的地方；如果在嘈杂的环境中感到不适，可以去图书馆、咖啡馆等比较安静的地方。

3．任务分级法

任务分级法是指将目标分解成小目标或将活动分解成碎片化的活动，从而使任务易于完成的方法。患者可通过完成小任务获得满足感和成就感，逐渐树立信心，从而摆脱心理问题。

4．改变自我陈述

用积极的自我陈述取代消极的自我陈述。例如，每天对着镜子说“我是最棒的，我可以”，丢掉“我不行”的想法。

5．及时就医

怀疑或者发现自己有心理问题时，可以及时向心理医生寻求帮助，尽快确定心理问题的类型并积极配合治疗。

课后互动

以小组为单位，就以下问题进行讨论。

（1）你有哪些压力？你通常采用哪些方法来缓解这些压力？

（2）如果你的同学存在心理障碍，你会如何帮助他？

单元三 了解传销和黄赌毒

案例引入——大学生身陷传销组织

小玉是浙江省杭州市萧山区某高校旅游学院的大一学生。寒假第一天，小玉突然接到了初中同窗好友熊某的电话。熊某告诉小玉，她在大同开了一家商店，生意非常好，想让她过来帮自己。小玉心想，利用寒假做兼职，既能赚点零花钱，又能锻炼一下自己，岂不是一举两得，便爽快地答应了。当天，小玉就背上行李乘坐火车去了大同。谁知，兼职只是一个幌子，从踏上火车的那一刻起，她便卷入了一场传销骗局。

据小玉回忆，她到大同后，熊某便把她接到一间很大的出租房里，房间里有很多与自己年纪相仿的人，她马上意识到了情况不对。小玉进入传销组织后立即被人控制，无论做什么都有人看着，因此她一直无法找到合适的机会报警或逃脱。

无奈之下，小玉只得听从传销人员的指令向家人要钱。她表面上服从传销人员的安排，但实际上一直在寻找逃脱的机会。一天深夜，小玉趁大家熟睡，偷偷找到一部手机，向外界发出了求救短信。也正是这条短信，使小玉脱离了传销的魔窟。

（资料来源：豆丁网，有改动）

大学生常见的非法诱惑包括传销和“黄赌毒”等，这些非法诱惑不仅会严重影响大学生的正常生活和未来的发展，还有可能危及大学生的生命。

一、传销

面对严峻的就业形势，部分大学生求职心切，而传销组织就会利用这一点，以“好工作”“高收入”等为诱饵，将大学生骗入传销组织，使大学生成为传销的牺牲品，给大学生的身心健康和个人成长都带来严重的危害。

（一）传销的含义

传销是指组织者或者经营者发展人员，以被发展人员直接或者间接发展的人员数量或者销售业绩为依据，为其计算和给付报酬，或者要求被发展人员交纳一定费用以取得加入资格等方式牟取非法利益，扰乱经济秩序，影响社会稳定的行为。

（二）传销的类型

传销主要有以下几种类型，大学生在日常生活中应加以辨别。

1. 商品销售类传销

商品销售类传销是指以“卖商品”“开加盟店”等名义进行的传销。在此类传销中，传销组织所销售的商品大多具有价格与价值严重不符的特征。

2. 项目投资类传销

项目投资类传销是指打着响应国家政策号召的旗号，以“投资项目”“资本运作”等名义进行的传销。

3. 爱心互助类传销

爱心互助类传销是指以“慈善资助”“爱心互助”等名义进行的传销，传销人员往往会以奉献爱心为幌子，欺骗无辜、善良的群众。

4. 虚拟货币类传销

虚拟货币类传销是指以虚拟货币投资为噱头，打着“科技创新”“金融创新”的幌子，用电子商务进行包装、掩饰的传销。

5. 消费返利类传销

一些传销组织会以“消费返利”为诱饵骗取消费者的钱财，但实际并不会予以返利，欺骗消费者成为他们的“会员”后，还会令其发展更多的“会员”，以此牟利。

6. 网络游戏类传销

玩网游是很多人都喜欢的娱乐方式，但是，一旦有人将其和互联网金融、游戏理财等结合在一起，并称可以“边玩边致富”时，很可能就是一个骗钱的陷阱。这类传销的特点是加入门槛低、发展下线快，游戏玩家通过扫描二维码即可加入，然后传销人员会引导游戏玩家在游戏中消费，并从中抽取佣金。

互动空间

你或者你身边的人是否接触过消费返利类传销或网络游戏类传销？如果有，你们是如何识别出这是传销骗局的？

（三）传销的鉴别

为避免落入传销陷阱，大学生首先需要学会鉴别传销。

一分钟教你识破传销

1. 交入门费

传销组织者一般会通过各种手段发展人员，要求被发展人员直接交纳费用或者以认购商品（此商品的价格往往高于市面上同类商品的价格）等方式变相交纳费用，以获得发展其他人员加入的资格。

2. 发展下线

传销基本上不以销售商品为最终目的，而是以发展下线、骗取钱财为最终目的。传销人员发展下线时，多以亲朋好友为目标。

3. 团队计酬

从计酬方式看，传销组织者多以被发展人员发展下线的数量为依据计算和给付报酬，即团队计酬。在团队计酬的规则下，只有被发展人员将自己的团队发展到一定数量和层级，才能获得巨大的利益。

（四）误入传销组织的应对

大学生误入传销组织后，可以采取以下应对措施。

1. 保持冷静

误入传销组织后，应保持冷静，尽量克服恐慌心理，避免做出过激行为（如跳楼、持刀伤人等），以免使自己陷入更加危险的境地。

2. 观察环境

认真观察室内环境（如室内布置、门窗位置等）、室外环境（如窗外标志性建筑等），以及传销人员的情况（如人员数量、生活习惯等），为逃脱做好准备。

3. 保持头脑清醒

洗脑是传销人员控制被发展人员的主要手段之一。被发展人员一旦被洗脑，很可能失去逃脱意识，任凭传销人员驱使。因此，误入传销组织后，应保持头脑清醒，任凭传销人员说得天花乱坠，也不要上当。

4. 骗取信任

如果暂时没有求助或逃跑的机会，可以先服从传销人员的安排，骗取他们的信任，等他们放松警惕后再想办法逃跑。

5. 寻求帮助

被发展人员若随传销人员外出活动，有机会的话就可向路人求助或迅速逃离。如果被控制在室内无法外出，可以找机会写好求救纸条，从窗户扔出去，让捡到纸条的人帮忙报警。

案例

被骗进传销，设法脱虎口

一日，东莞市公安局大岭山分局接到报警，报警人称大岭山某科技园附近有人落入传销组织，希望民警前往解救。

报警人是该科技园的一名保安，他在园区巡逻时在路上捡到了一张纸条，上面写着“帮我报警，我应该进传销了，被朋友骗来这边”，同时还写着“救命”两个大字，求救人还描述了被困的大致区域。该保安意识到这可能是一张求救纸条，于是报了警。

了解情况后，民警迅速展开行动，根据求救纸条上面描述的环境特征，寻找求救人可能被困的位置。当民警排查到一家小超市门口时，发现一名形迹可疑的黑衣男子，便上前盘查，对方支支吾吾不配合检查。

通过检查，民警发现该男子身上带有大量现金，还有一本登记着大量人员身份信息的笔记本。民警判断该男子很有可能是传销人员，于是立即将其控制住。随后，民警对小超市旁边的一栋出租屋进行排查，并在四楼一房间内发现十多人，经确认，写求救纸条的人就在其中。

此次行动，警方共解救被困传销窝点人员 12 名，这些人员均为 20～30 岁的年轻人，他们分别来自广西、湖南等地，均因被同学或朋友骗来东莞找工作，才不慎落入传销组织。

（资料来源：搜狐网，有改动）

二、黄赌毒

当前社会环境较为复杂，大学生要提高防范意识，拒绝任何人以任何方式诱导、强迫自己从事与黄、赌、毒有关的活动。

（一）黄

“黄”是指象征色情或淫秽的事物。《刑法》第三百六十七条第一款规定：“本法所称淫秽物品，是指具体描绘性行为或者露骨宣扬色情的诲淫性的书刊、影片、录像带、录音带、图片及其他淫秽物品。”《刑法》第三百六十七条第二款规定：“有关人体生理、医学知识的科学著作不是淫秽物品。”《刑法》第三百六十七条第三款规定：“包含有色情内容的有艺术价值的文学、艺术作品不视为淫秽物品。”我国严厉打击制作、复制、出版、贩卖、传播淫秽物品的行为。

任由淫秽视频传播，李某最终获刑

李某是某高校的一名大学生，主修计算机科学与技术专业。某年 7 月，李某创建了一个网站，并在网站首页设置了“电影”“电视剧”等模块，供网民免费观看和下载相关影视资源。为实现自动更新影视资源、增加网站浏览量的目标，李某为其网站配置了具有自动采集互联网视频功能的模块。在日常维护和管理网站时，李某发现网站上存在一些包含色情内容的小视频，但他仍继续使用该模块更新影视资源，任由色情视频在自己的网站上传播。

第二年4月，相关部门在核查时发现李某的网站存在违规行为，依法对该网站进行了43次远程勘验，对下载的460个视频进行调查取证。后经鉴定，这460个视频中有456个属于淫秽视频。

法院审理后认为，被告人李某作为网站的建立者和管理者，明知他人传播的是淫秽视频而放任不管，情节严重，其行为已构成传播淫秽物品罪。最终，李某被判处有期徒刑七个月。

（资料来源：百家号，有改动）

明镜高悬

我国法律对涉黄人员的处罚规定

《中华人民共和国治安管理处罚法》（以下简称《治安管理处罚法》）第六十八条规定："制作、运输、复制、出售、出租淫秽的书刊、图片、影片、音像制品等淫秽物品或者利用计算机信息网络、电话以及其他通讯工具传播淫秽信息的，处十日以上十五日以下拘留，可以并处三千元以下罚款；情节较轻的，处五日以下拘留或者五百元以下罚款。"

《刑法》第三百六十四条第一款规定："传播淫秽的书刊、影片、音像、图片或者其他淫秽物品，情节严重的，处二年以下有期徒刑、拘役或者管制。"

《刑法》第三百六十四条第二款规定："组织播放淫秽的电影、录像等音像制品的，处三年以下有期徒刑、拘役或者管制，并处罚金；情节严重的，处三年以上十年以下有期徒刑，并处罚金。"

《刑法》第三百六十四条第三款规定："制作、复制淫秽的电影、录像等音像制品组织播放的，依照第二款的规定从重处罚。"

《刑法》第三百六十四条第四款规定："向不满十八周岁的未成年人传播淫秽物品的，从重处罚。"

1. 色情的危害

色情严重危害大学生的身心健康，具体表现在以下几个方面。

（1）大学生长期沉迷于色情会变得萎靡不振、浑浑噩噩，学习时无法集中注意力，从而荒废学业。

（2）色情信息宣扬的是各种畸形的性行为，大学生长期接触这些信息会形成错误的世界观，产生畸形心理。一些自制力较差、意志薄弱的大学生被色情信息洗脑后，甚至会掉入性犯罪的深渊。

（3）一些犯罪分子会诱骗大学生提供各种有偿性服务，严重威胁大学生的人身安全。

此外，少数大学生因嫖娼感染疾病，亲手葬送自己的未来。

  案例

模仿色情电影引发的犯罪

张某是某高校的大学生，一天，他在网上浏览信息时，无意间发现了一个色情网站，于是偷偷从该网站下载了几部色情电影。之后，张某越看越上瘾，竟然萌发了模仿色情电影中的情节的想法。很快，他便盯上了同系的女同学小枣，没多久就和小枣拉近了距离。

一天，张某约小枣到公园游玩。俩人到公园后，张某带着小枣走向公园深处。在一个树丛茂密的地方，他突然露出了凶相，在小枣不愿意的情况下对她做出性侵犯行为。

之后，小枣在母亲的陪同下到公安机关报案。张某很快被抓获，等待他的将是法律的严惩。

（资料来源：豆丁网，有改动）

2. 预防色情危害

大学生可以从以下几个方面预防色情危害。

（1）正确看待性。多数人在青春期都会对性产生强烈的好奇与冲动，这是正常的，无须刻意逃避或感到羞愧。大学生可以参加学校组织的性知识讲座，阅读性知识科普书籍，学会正确与异性相处。

（2）正确使用网络，不观看色情视频、色情图片等。

（3）培养健康的兴趣爱好，如图 5-5 所示。健康的兴趣爱好有益于大学生的身心，可帮助大学生形成正确的世界观，从而远离色情的侵蚀。

图 5-5　培养健康的兴趣爱好

（二）赌

“赌”即赌博，是指以财物作为赌注比输赢。赌博的形式多种多样，目前常见的有打麻将、炸金花、掷骰子、轮盘赌等。不少人认为赌博只是一种娱乐活动，输或赢一点小钱无伤大雅，但实际上赌博的危害极大。

明镜高悬

我国法律对赌博人员的处罚规定

《治安管理处罚法》第七十条规定：“以营利为目的，为赌博提供条件的，或者参与赌博赌资较大的，处五日以下拘留或者五百元以下罚款；情节严重的，处十日以上十五日以下拘留，并处五百元以上三千元以下罚款。”

《刑法》第三百零三条第一款规定：“以营利为目的，聚众赌博或者以赌博为业的，处三年以下有期徒刑、拘役或者管制，并处罚金。”

《刑法》第三百零三条第二款规定：“开设赌场的，处五年以下有期徒刑、拘役或者管制，并处罚金；情节严重的，处五年以上十年以下有期徒刑，并处罚金。”

1. 赌博的危害

（1）使大学生荒废学业。赌博有一定的成瘾性，自制力较差的大学生一旦陷入赌博泥潭，就会难以自拔。大学生在赌博前期获得一些蝇头小利后，容易产生“赌博致富”的想法，从而不思进取、荒废学业。

案例

沉迷网络赌球，大学生被学校勒令退学

某高校大二学生小彬陆续通过网贷平台借款约 30 万元，用于网络赌球。“我平日经常踢足球、打篮球，对各种球赛的比赛结果猜得比较准”，出于这种心理，小彬经常在赌球网站上投注。刚开始赌球时，小彬经常中奖，这给了他信心，于是他越赌越大。但是越往后，小彬中奖的次数越少，并且每次总是差一点中奖。当长时间不中奖时，小彬又会突然中一次奖，这让他又重新燃起中奖的希望之火。久而久之，小彬便形成了“下一次一定能中”的心理。其实，赌球网站正是抓准了人们的这种侥幸心理，才牢牢套住了参赌者。

沉迷于赌球的小彬不仅天天逃课，荒废了学业，还欠下了巨额赌债，被学校勒令退学。小彬十分自责，悔不当初。

（资料来源：新浪网，有改动）

（2）危害大学生的身心健康。赌博过程中，参赌者的精神往往处于极度紧张的状态，长期如此，即便身体状况良好的人也会出现健康问题。倘若参赌者经常熬夜赌博，饮食不规律，容易得消化系统疾病和心脑血管疾病。

（3）败坏校园风气。大学生赌博会给校园带来不劳而获、好逸恶劳、侥幸投机的不良风气，影响校园氛围。

（4）破坏人际关系。参赌者如果没有赌资，通常会向亲朋好友借钱，但借到钱后往往难以偿还，从而影响与亲朋好友的关系。

（5）诱发犯罪。大学生经济条件有限，一旦沾染赌博恶习，很可能债台高筑。为了筹赌资、还赌债，部分大学生铤而走险，实施诈骗、盗窃、抢劫等违法犯罪活动，从而走上不归路。此外，赌博本身也是一种违法活动，参赌者一旦被抓，将会受到法律的严惩。

例

大学生沉迷网络赌博，毁掉美好前程

刘某是一名刚毕业的大学生，他本该找一份工作开启职业生涯，却因沉迷网络赌博欠下高额债务。为偿还债务，刘某走上了诈骗和盗窃的歧途。

毕业后的三年间，刘某在明知自己无偿还能力的情况下，以家属生病、代收培训费、投资工程缺钱、需资金解冻信用卡等各种理由骗取受害人苏某、娄某、胡某等人共计 160 余万元。在此期间，刘某还通过盗刷他人信用卡、用他人信息贷款等方式非法获得 59 万余元。

毕业后的第四年，法院一审以诈骗罪、盗窃罪判处被告人刘某有期徒刑 20 年，并处罚金人民币 30 万元，没收作案工具并追缴违法所得。

（资料来源：豆丁网，有改动）

2. 戒赌的方法

赌博是一种习惯性行为，一旦沾染，想要戒掉并不容易。但这并不是说陷入赌博旋涡后就无可救药，只要方法得当，一定可以戒掉赌瘾。

（1）远离赌场和赌博的人。一旦决定戒赌，就要避免进出任何赌博场所，避免与有赌博习惯的人来往，防止赌瘾复发。

（2）及时寻求帮助。可以向信赖的人倾诉自己的感受，并请求他们监督自己戒赌；也可以寻求专业人士的帮助，用专业的方法科学戒赌。

（3）转移注意力。通过参加有益的集体活动、户外运动或其他休闲活动，转移对赌博的注意力，打消赌博的念头。

（4）进行自我反省。找出赌博的缘由，进行深刻的自我反省，并时刻提醒自己赌博的危害，告诉自己不能再沾染赌博。

（5）制订学习目标。制订明确的学习目标，并通过奖惩机制进行自我加压，把所有的精力都放在学习上，逼迫自己戒掉赌瘾。

互动空间

你听说过哪些赌博案例？赌瘾为什么难戒除？

（三）毒

“毒”即毒品，是指鸦片、吗啡、海洛因、冰毒、大麻、可卡因，以及国家规定管制的其他能够使人形成瘾癖的麻醉药品和精神药品等。

1. 常见的毒品

（1）鸦片。鸦片是指罂粟果内乳状液汁干燥后的制品，主要成分为吗啡。鸦片具有镇痛、止咳、止泻的功效，易使人成瘾，长期吸食鸦片会导致人体各器官功能衰退，免疫力丧失。

（2）吗啡。吗啡是从鸦片中提炼出来的，因纯度不同，颜色呈白色、浅黄色或棕色，味酸。吗啡具有镇痛、止咳和抑制肠蠕动的作用，在医学上用于制作麻醉性镇痛药，长期使用，易使人成瘾。

（3）海洛因。海洛因由吗啡制备而成，但成瘾性比吗啡更大，医学上用于促使睡眠和减轻病痛，是全球控制的毒品。海洛因对人体的作用机制尚未完全明确，迄今并无任何有效的戒除方式，其复吸比例极高。

（4）冰毒。冰毒的主要成分为甲基苯丙胺，因其纯品为透明状结晶体，外观似冰，故称冰毒。冰毒具有见效快、药效持续时间长、一次吸食即可成瘾的特点，对中枢神经有极强的刺激作用，吸毒者一旦断药，会出现流涕、出汗、震颤、呕吐、腹泻等症状。

（5）大麻属于大麻植物提取物，成分非常复杂，是人类较早使用的毒品之一。

（6）摇头丸。摇头丸是一种人工合成毒品，有较强的兴奋作用。吸毒者食用摇头丸后易出现幻觉，在没有音乐的时候，头会轻微地晃动，一旦有音乐刺激，吸毒者就会跟着音乐不由自主地摇头晃脑、手舞足蹈。

（7）K粉。K粉化学名为氯胺酮，英文名为ketamine。K粉为白色粉末，具有安眠、镇痛的作用，长期或过量吸入会对心、肺等造成永久损害，对中枢神经的损害甚于冰毒。

（8）新型毒品。新型毒品主要指人工化学合成的致幻剂、兴奋剂类毒品，是由国际禁毒公约和我国法律法规规定管制、直接作用于人的中枢神经系统、使人兴奋或抑制、连续使用会使人产生依赖性的精神药品。新型毒品的种类很多，也往往伪装成生活中常见的物品，具体如表5-1所示。

表 5-1 新型毒品的种类及特点

新型毒品的类型	具体种类	特点
植物类新型毒品	娜塔莎（合成大麻烟）	主要成分为用喷涂或浸泡等方式添加的合成大麻素类新精神活性物质
	合成大麻香料	其中含有的合成大麻素对人体的作用类似大麻，但致幻能力和成瘾性更强
	卡痛叶	其中含有的生物碱属于天然阿片类物质
	相思树根皮	大量使用时会失去对身体的控制，并出现强烈的幻觉
	迷幻蘑菇	其中含有的生物碱具有较强的致幻作用
	恰特草	能使吸食者产生兴奋或幻觉，甚至诱发自残或自杀行为
食品饮料类新型毒品	大麻食品	包括大麻巧克力、大麻糕点、大麻糖果等，形态与正常的食品类似，但制作过程中掺入了四氢大麻酚或合成大麻素类新精神活性物质
	毒果冻	形态与正常的果冻类似，但制作过程中掺入了卡西酮类及苯丙胺类新精神活性物质，滥用会有兴奋和致幻作用，并导致食用者产生狂躁及被害妄想，诱发各种暴力行为
	毒饮料	形态与常见的果汁、奶茶等饮料类似，但含有氯胺酮，同时还可能存在冰毒、摇头丸、曲马多等多种毒品成分
	听话水	含有一类管制精神类药品γ-羟基丁酸，对神经系统具有强烈的抑制作用，过量使用可导致强烈的麻醉效果，造成暂时性记忆丧失、心率缓慢、呼吸抑制、恶心、呕吐等，摄入过量会导致失去意识甚至死亡
	咔哇潮饮	添加有γ-丁内酯，滥用会造成恶心、呕吐、头痛、昏迷甚至死亡
胶囊剂药片类新型毒品	聪明药	含有莫达非尼、哌甲酯等中枢神经系统兴奋剂，大量摄入可导致失眠、头痛、抑郁、焦虑、兴奋过度和精神狂躁，长期使用可成瘾
	第二代镇静催眠药物	主要包括氟硝西泮、硝甲西泮、三唑仑、依替唑仑等苯二氮䓬类药物，具有镇静和抗焦虑作用，并可能致幻，大剂量使用可使人失去意识
	第三代镇静催眠药物	主要包括唑吡坦、佐匹克隆类药物，具有镇静和抗焦虑作用，并可能致幻，长期使用易成瘾
	零号胶囊	含有以N，N-二异丙基-5-甲氧基色胺为代表的色胺类新精神活性物质
	减肥药	含有麻黄碱、咖啡因、甲卡西酮、芬特明、芬氟拉明等，大剂量使用时具有兴奋和致幻作用，长期食用会诱发潜在的精神疾病，导致永久性的脑部损伤，严重危害健康
	阿片类药物	成瘾性强，大剂量使用或与安定类镇静药物合用，易引起呼吸抑制、昏迷，甚至死亡
	麻古	主要成分为冰毒，是一种加工后的冰毒片剂，外观与摇头丸类似，属于苯丙胺类兴奋剂，具有很强的成瘾性，可使人产生强烈的身体依赖和精神依赖

（续表）

新型毒品的类型	具体种类	特点
其他类新型毒品	电子烟油	制作过程中掺入了四氢大麻酚或合成大麻素类新精神活性物质，与吸食大麻的效果类似，比大麻更容易成瘾，吸食后会出现恶心、呕吐、精神恍惚等反应
	小树枝	含有合成大麻素类新精神活性物质，吸食后可引起判断力下降、意识模糊和精神障碍，过量吸食可导致昏迷甚至死亡
	致幻邮票	邮票样的纸片上吸附有麦角二乙胺或苯乙胺类及苯环利定类新精神活性物质，致幻性极强，并可引发瞳孔扩张、心动过速、身体麻痹等不良反应
	G 点液	含有以 N，N-二异丙基-5-甲氧基色胺为代表的色胺类新精神活性物质
	笑气	主要成分为一氧化二氮，过量吸入易造成大脑缺氧并导致中枢神经系统受损，引起记忆力下降、反应迟钝、精神障碍，甚至瘫痪
	RUSH	以亚硝酸异丁酯为代表的多种亚硝酸酯类新精神活性物质，会造成全身的血管急速扩张，以及全身的平滑肌松弛，过量使用可能造成心力衰竭，严重时会导致昏迷甚至死亡

2. 毒品的危害

毒品的危害体现在以下几个方面。

（1）严重危害人体健康。长期使用毒品，不仅会导致免疫功能下降、消化系统紊乱等，还会导致精神障碍和心理变态。

（2）产生戒断反应。戒断反应是指在突然中止用药或减少用药剂量后出现的特殊生理和心理表现。毒瘾发作时，吸毒者通常会头晕、耳鸣、流鼻涕、呕吐、腹泻、浑身震颤、大小便失禁。

（3）感染疾病。静脉注射毒品极易使吸毒者感染其他疾病，如结核病、肝炎等。此外，部分吸毒者共用吸毒器具，使得艾滋病等疾病在这些吸毒者中间广泛传播。

（4）诱发违法犯罪。吸毒者需要大量资金用于购买毒品，当资金不够时，吸毒者往往通过偷、抢、骗，甚至杀人劫财的方式来获取资金。

案例

案例 1：吸毒葬送光明前途，戒毒所里他追悔莫及

杜某是某高校的研究生。一天，他在和朋友聚会时吸食了一个玻璃容器中腾出的白色烟雾。虽然杜某知道这种白色烟雾是毒品，但吸食后的兴奋感使他欲罢不能。从那之后，杜某开始频繁吸毒。慢慢地，杜某的脾气变得暴躁，行为也变得怪诞。

一年后的一天，杜某与朋友在酒店吸毒时被警方抓获，随后他被送往戒毒所。在戒

毒所中，杜某被检测出得了艾滋病。原本光明的前途因吸毒而葬送，这让杜某追悔莫及。

案例 2：从吸毒到贩毒，她亲手毁掉了自己的大好前程

杭州某高校大学生张某，因吸毒而贩毒，于某年 3 月 2 日在温州家中被警方抓获。经审讯，张某交代，去年暑假，她因好奇跟着男友第一次吸食了毒品，同年 12 月再次吸毒后便上瘾。由于自己还是学生，没钱购买毒品，张某便在男友的怂恿下，走上了贩毒之路。警方表示，虽然张某所贩毒品量少，但已经触犯了法律，将会被判刑。这对一名大学生来说，代价十分惨重。

（资料来源：中国青年网，有改动）

3．如何远离毒品

毒品对人类和社会的危害巨大，作为大学生，应该从自身做起，坚决抵制毒品、远离毒品。

（1）不要因为遇到不顺心的事而以毒品消愁解闷，要勇敢面对各种人生挫折。

（2）不要放任好奇心以身试毒，吸食毒品必付出惨痛代价。

（3）不要抱有侥幸心理，认为偶尔吸食不会成瘾。吸毒极易成瘾，试一下将会悔恨终生。

（4）不要结交有吸毒、贩毒行为的人。遇到亲友吸毒，要进行劝阻和举报。

（5）不要在有人吸毒的场所停留。

（6）不要听信吸毒是“高级享受”的谣言，吸毒一口，痛苦一生。

（7）不要接受吸毒人的香烟或饮料，因为他们可能会诱骗你吸毒。

（8）不要听信毒品能治病的谎言，吸毒只会摧残身体，不能治病。

（9）不要虚荣，认为有钱人才吸得起毒。吸毒是一种愚昧可耻的行为。

（10）不要盲目从众而仿效吸毒者，也不要崇拜吸毒的“偶像”。

（11）为预防接触到新型毒品，尽量不要去迪厅、酒吧、慢摇吧等治安复杂场所。若去了这些场所，需要提升自我防范意识，不接受陌生人的食品、饮品等，对于不熟悉的一般朋友也要保持警惕，防范所谓的“熟人”“老乡”“同学”等，看管好自己的物品，不让自己的食品、饮品离开自己的视线。面对各种诱惑，要坚决拒绝，并迅速离开。

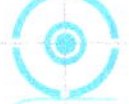

中国行动

我国近年来禁毒事业的发展

毒品问题关系国家安危、民族兴衰、人民福祉，厉行禁毒是我国政府的一贯立场和坚决主张。我国政府始终高度重视禁毒工作，特别是党的十八大以来，以习近平同志为核心的党中央将禁毒工作摆在了更加突出的位置，明确提出要标本兼治、

多管齐下，坚持源头治理、系统治理、综合治理、依法治理，统筹运用法律、行政、经济、教育、文化等手段，综合采取禁吸、禁贩、禁种、禁制等措施，加强宣传引导，广泛发动群众，最大限度减少毒品的社会危害。

近年来，我国禁毒部门进一步建立完善了边境一线堵、内地二线查和交通要道、机场、车站、码头三线截的“三道防线”，形成了覆盖主要陆路、海路、空路、邮路的立体防控体系，有效提高了堵源截流工作能力。公安禁毒部门发挥禁毒战场排头兵和尖刀的作用，始终把打击锋芒对准制贩毒集团、网络和毒枭，完善多警种参战机制，组织开展了针对境外大毒枭的“拔钉子”行动、利用禁毒信息系统打击外流贩毒团伙的“天网行动”、以卫星遥感监测为主要手段的“天目铲毒”行动等一系列专项行动，依法惩处了一大批涉毒犯罪分子，狠狠打击了涉毒犯罪分子的嚣张气焰。

禁绝毒品，功在当代、利在千秋。在党中央、国务院的领导下，各地区各有关部门以更加坚定的决心、更加有力的措施、更加扎实的工作，继续保持对毒品的“零容忍”，禁毒人民战争将不断向纵深发展，我国禁毒工作将不断开创新局面。

（资料来源：中国禁毒网，有改动）

课后互动

以小组为单位，就以下问题进行讨论。

（1）大学生应如何防止被骗入传销组织？

（2）结合实际生活，谈谈应如何避免色情诱惑。

（3）发现身边的人吸毒时，你会如何做？

单元四 了解校园暴力

案例引入——只因看了一眼就被欺凌

某日 22 点至 24 点，某学院北校区一女生宿舍发生多名女生殴打、侮辱一名女生的恶性事件。原来，当天下午上课期间，坐在前排的裘某因后排谢某等人讲话声音太大，转头看了她们一眼，以示提醒，裘某的这一举动让谢某等人非常不开心。晚上 22 点左右，谢某等 5 人以谈心为由把裘某叫到宿舍，问她上课时为什么“瞪”她们。随后，双方由言语冲突发展为肢体冲突，谢某等人用鞋子、衣架等物品殴打裘某，并逼迫其下跪、扇自己耳光。整个过程长达 1 小时 40 分钟，导致裘某两耳耳膜穿孔、大面积软组织挫伤，

并造成其严重心理创伤。事后，谢某等人还威胁袁某不得向老师报告此事。

第二天一早，谢某等5人因涉嫌寻衅滋事被警方带走并被刑事拘留，后被学院开除。

（资料来源：网易网，有改动）

校园暴力在严重损害受害者身心健康的同时，也破坏了校园正常的学习和生活秩序。要减少和避免校园暴力的发生，需要社会、学校和大学生的共同努力。

一、校园暴力的类型

校园暴力是指发生在校园或校园附近的，以老师或学生为施暴对象的恃强凌弱的暴力行为。具体来说，校园暴力有以下几种类型。

（一）校外人员对大学生实施暴力

校外人员对大学生实施的暴力主要分为两类：一是社会不法分子直接对大学生实施暴力；二是社会不法分子与校内的某些大学生相互勾结，对其他大学生实施暴力。

（二）大学生对大学生实施暴力

近几年来，一些在校大学生对其他大学生实施暴力的事件频频发生，手段也更加多样化，如怂恿他人排挤受害者，嘲讽、中伤受害者，殴打、虐待、抢夺、勒索、恐吓受害者，以及在网络上发布欺侮受害者的照片和视频，等等。这类暴力对大学生的伤害极大，甚至会造成人员伤亡。

案例

勇于揭发，参与欺凌者终受惩罚

一天，在某高校一学生宿舍内，大学生张某带头讥讽、调侃小黄。张某体型较大，且性格强势，而小黄性格怯懦，面对张某的挑衅，小黄不敢反抗。张某等人见小黄不敢反抗，于是变本加厉，经常让小黄给他们带饭。此外，张某只要心情不好，便会拿小黄撒气。

小黄长期受到张某及其他室友的欺凌，轻则受到语言侮辱，重则遭到打骂，使得他的身体和心理都受到了很大的伤害。有一次，张某因小黄给他带的饭菜不可口，便对小黄拳脚相加。这次，小黄终于忍无可忍，便将长期遭受欺凌一事告知父母和班主任。

学院领导详细了解情况后，第一时间约谈了双方家长。在学院领导的努力和小黄家长的谅解下，双方最终就此事达成和解。学院领导根据学校的规章制度，对张某做出开除学籍处理，对其余参与欺凌者予以记大过处分并要求他们好好反省。

启示：谩骂、侮辱、殴打等行为只是校园暴力的冰山一角，这座冰山下面隐藏的是欺凌者狂妄自大、蛮横无理、我行我素的刁蛮性格，以及受害者自卑胆怯、孤独无助的脆弱心理和曲折、坎坷的成长经历。遭受校园暴力后，大学生一定要及时与老师或家长沟通，避免类似情况再次发生。

（资料来源：豆丁网，有改动）

（三）师生之间实施暴力

师生之间实施暴力在校园暴力中所占比重较小，但危害极大，不容忽视。一些品质较差的大学生不能接受老师真诚的批评教育，甚至对老师怀恨在心，便单独或者纠集他人对老师实施暴力。也有一些素质不高的老师会体罚大学生，对大学生的身心造成伤害，甚至导致大学生自杀。

二、校园暴力的后果

大学生基本上都已经成年，如果实施校园暴力，轻则赔偿医药费和被学校处分（一般为留校察看或开除学籍）；重则被治安处罚或被刑事处罚。《刑法》分别对故意伤害罪、聚众斗殴罪和寻衅滋事罪进行了处罚规定。

（一）故意伤害罪的处罚规定

《刑法》第二百三十四条第一款规定：“故意伤害他人身体的，处三年以下有期徒刑、拘役或者管制。”《刑法》第二百三十四条第二款规定：“犯前款罪，致人重伤的，处三年以上十年以下有期徒刑；致人死亡或者以特别残忍手段致人重伤造成严重残疾的，处十年以上有期徒刑、无期徒刑或者死刑。本法另有规定的，依照规定。”

（二）聚众斗殴罪的处罚规定

《刑法》第二百九十二条第一款规定，聚众斗殴的，对首要分子和其他积极参加的，处三年以下有期徒刑、拘役或者管制；有下列情形之一的，对首要分子和其他积极参加的，处三年以上十年以下有期徒刑：

① 多次聚众斗殴的；

② 聚众斗殴人数多，规模大，社会影响恶劣的；

③ 在公共场所或者交通要道聚众斗殴，造成社会秩序严重混乱的；

④ 持械聚众斗殴的。

《刑法》第二百九十二条第二款规定：“聚众斗殴，致人重伤、死亡的，依照本法第二百三十四条、第二百三十二条的规定定罪处罚。”

小提示

《刑法》第二百三十二条规定：“故意杀人的，处死刑、无期徒刑或者十年以上有期徒刑；情节较轻的，处三年以上十年以下有期徒刑。”

（三）寻衅滋事罪的处罚规定

《刑法》第二百九十三条第一款规定，有下列寻衅滋事行为之一，破坏社会秩序的，处五年以下有期徒刑、拘役或者管制：

① 随意殴打他人，情节恶劣的；

② 追逐、拦截、辱骂、恐吓他人，情节恶劣的；

③ 强拿硬要或者任意损毁、占用公私财物，情节严重的；

④ 在公共场所起哄闹事，造成公共场所秩序严重混乱的。

《刑法》第二百九十三条第二款规定：“纠集他人多次实施前款行为，严重破坏社会秩序的，处五年以上十年以下有期徒刑，可以并处罚金。”

害人终将害己

某年 11 月的一个深夜，宁波某学院大学生董某、卢某、叶某、韩某、王某等人伙同校外人员陈某，以同学小江人品不好、勾引别人男朋友为由，在学生宿舍内采用口塞纸巾、灌酒、剪头发等方式凌辱小江，并殴打小江。

凌辱、殴打行为持续了数小时，直到第二天早上，小江趁看管的董某睡着，才得以逃脱并向宿舍管理员求救。随后，警方将犯罪嫌疑人抓捕归案。

法院审理后做出判决：被告人陈某被判处有期徒刑五年；董某、卢某、叶某被判处有期徒刑一年零九个月；韩某被判处有期徒刑一年零五个月；王某因情节轻微被判处有期徒刑一年，缓刑两年。

（资料来源：百家号，有改动）

三、校园暴力的防范

（一）遵守校规，热爱集体

如何避免校园欺凌

国有国法，校有校规。高校作为一个集体，必然具有所有学生应共同遵守的制度和规则。大学生无论是在社团、班级还是宿舍，时刻都处于集体中，应当按照集体规则行事，尊重他人，共创和谐集体，如图 5-6 所示。

（二）谨慎交友，远离是非

交友是一门学问。结交正直、善良的朋友，能让自己的心灵更纯净、价值观更端正。大学生应具备一定的辨别能力，在交友时一定要有所选择，与校外人员接触尤其要谨慎，不可轻易相信陌生人。此外，大学生应该牢固树立安全观念，与社会不良人员保持距离，远离是非。

图 5-6　共创和谐集体

小提示

远离是非并不意味着对所有事情视而不见，如果有人处于危险中，大学生应该在确保自身安全的前提下伸出援助之手。

（三）讲文明话，做文明事

校园暴力大多由口角演变而来。大学生在学习和生活中要注意说话的方式，做到语气和善、用词文明，不说伤害他人的话。大学生行为举止更要文明，不做打扰他人或对他人产生不良影响的事。

（四）互谅互让，互相信任

在与同学或朋友相处时，大学生不应过分在意他人的缺点和过错，做到宽容大度、互谅互让。同时，大学生之间要做到相互信任，不随便猜疑，不传播谣言。

（五）加强沟通，共同进步

大学生应该与集体中的其他人加强沟通，在学习和生活中遇到困难时可以向老师、同学、朋友等寻求帮助，也可以用心聆听他人的烦心事，主动帮助他人，以形成良好的集体氛围，实现共同进步。

四、正确应对校园暴力

大学生在面对校园暴力时，可以采取以下应对措施。

（一）及时脱险

若校园暴力即将发生，大学生首先应设法尽快脱离险境，从而避免受到伤害；若已经被施暴者控制，可以先假意满足施暴者的要求以稳住对方，然后伺机报警或逃跑。

（二）正当防卫

在遭遇校园暴力，特别是遭遇严重威胁人身安全的校园暴力时，大学生应采取必要的、合法的自卫手段来保护人身安全。

《刑法》对正当防卫的规定

《刑法》第二十条第一款规定：“为了使国家、公共利益、本人或者他人的人身、财产和其他权利免受正在进行的不法侵害，而采取的制止不法侵害的行为，对不法侵害人造成损害的，属于正当防卫，不负刑事责任。”

《刑法》第二十条第二款规定：“正当防卫明显超过必要限度造成重大损害的，应当负刑事责任，但是应当减轻或者免除处罚。”

《刑法》第二十条第三款规定：“对正在进行行凶、杀人、抢劫、强奸、绑架以及其他严重危及人身安全的暴力犯罪，采取防卫行为，造成不法侵害人伤亡的，不属于防卫过当，不负刑事责任。”

（三）寻求援助

遭遇校园暴力时，大学生应向老师、同学或校内安保人员求助；如果暴力事件升级或已经造成了严重后果，则应向当地公安机关报案，寻求援助。

（四）收集证据

遭遇校园暴力时，大学生若无法脱身，可以收集相关证据，如记下施暴者的外貌特征，收集施暴者的遗留物品，对身体受伤的部位拍照取证，等等。这些证据能帮助相关部门将施暴者绳之以法。

课后互动

以小组为单位，就以下问题进行讨论。

（1）你所了解的校园暴力事件有哪些？你从中获得了哪些经验和教训？

（2）遭遇校园暴力时，你会如何应对？

小试牛刀

一、填空题

（1）__________是指由病原体引起，能在人与人、动物与动物或人与动物之间相互传染的疾病。

（2）为预防色情危害，大学生应__________、__________、__________。

（3）__________是指组织者或者经营者发展人员，以被发展人员直接或者间接发展的人员数量或者销售业绩为依据，为其计算和给付报酬，或者要求被发展人员交纳一定费用以取得加入资格等方式牟取非法利益，扰乱经济秩序，影响社会稳定的行为。

（4）传销的类型包括__________、__________、__________、__________、__________、__________。

（5）__________是指发生在校园或校园附近的，以老师或学生为施暴对象的恃强凌弱的暴力行为。

二、单项选择题

（1）（　　）旧称“恐水症”。

A．肺结核　　B．狂犬病

C．甲肝　　D．乙肝

（2）（　　）是指因摄入被细菌或毒素污染的食物而引起的中毒。

A．细菌性食物中毒　　B．化学性食物中毒

C．有毒动植物食物中毒　　D．真菌性食物中毒

（3）（　　）是一种常见的神经症，患者明知某种想法或做法不必要，但无法控制自己而反复地想或做，因而非常痛苦。

A．抑郁症　　B．强迫症

C．焦虑症　　D．恐惧症

（4）（　　）是指运用各种方式将不良情绪发泄出来的方法。

A．转移法　　B．任务分级法

C．宣泄法　　D．及时就医

（5）下列选项中，不属于防范校园暴力的措施的是（　　）。

A．按照集体规则行事，尊重他人，共创和谐集体

B．与校外人员接触尤其要谨慎，不可轻易相信陌生人

C．行为举止要文明，不做打扰他人或对他人产生不良影响的事

D．远离是非，对所有的事情视而不见

三、判断题

（1）可用酒精擦拭中暑者的身体，为其消暑。（　　）

（2）面对失败，大学生也应坦然接受，不断积累经验，坚信自己能够战胜黑暗，迎来光明。（　　）

（3）大学生长期沉迷于色情会变得萎靡不振、浑浑噩噩，学习时无法集中注意力，从而荒废学业。（　　）

（4）大学生赌博会给校园带来不劳而获、好逸恶劳、侥幸投机的不良风气，影响校园氛围。（　　）

（5）大学生在疲倦、饱食、饥饿、生病、酗酒状态下，可以游泳。（　　）

四、简答题

（1）简述预防食物中毒的方法。

（2）误入传销组织后，应如何应对？

（3）简述毒品的危害。

（4）如何正确应对校园暴力？

学习成果评价

指导教师根据学生对本模块的实际学习成果对其进行评价，学生配合指导教师共同完成表 5-2 所示学习成果评价表。

表 5-2　学习成果评价表

班级		组号		日期	
姓名		学号		指导教师	
学习成果/模块名称	身心健康向光明				
评价项目	评价内容		评价方式	满分/分	评分/分
知识 40%	大学生常见疾病及其预防措施		理论测试	8	
	大学生常见的心理问题及其预防、应对方法			8	
	传销的含义、类型、鉴别方法、应对方法			8	
	黄赌毒的危害及远离黄赌毒的方法			8	
	校园暴力的类型、后果、防范措施、应对方法			8	
技能 40%	预防与应对常见的疾病		实践操作	10	
	培养健康的心理			10	
	远离传销和黄赌毒			10	
	防范与应对校园暴力			10	
素养 20%	积极参加教学活动，主动学习、思考、讨论		综合评判	6	
	认真负责，按时完成学习任务			4	
	谦虚勤勉，能够认识自己的不足			4	
	团结同学，热情友善			4	
	守正创新，自信自强			2	
合计				100	
自我评价					
教师评价					

模块六

防盗防险筑坚墙

知识目标

- 了解校园盗窃常发场所和常发时间。
- 掌握预防和应对校园盗窃的方法。
- 了解常见的实验室安全事故，掌握常见实验室安全事故的预防和应对方法。

素质目标

- 学习我国法律对盗窃人员的处罚规定，树立“君子爱财取之有道”的正确价值观，培养良好的个人品德。

单元一 了解校园盗窃

盗窃是指以非法占有为目的，秘密窃取国家、集体或他人财物的行为。盗窃案在高校的各类安全案件中占90%以上。

案例引入——贵重物品随意乱放，最终被偷

国庆节放假前夕，某高校大一学生余某将一台笔记本电脑和一台平板电脑随手放在宿舍书桌上后便回家了。假期结束，余某返校后，发现自己的笔记本电脑和平板电脑都不见了，宿舍中其他室友的书桌、衣柜等也都有被翻动的痕迹。余某立即向学校保卫处报案，经查是校外人员所为。余某的宿舍在二楼，小偷从未上锁的阳台窗户进入宿舍实施盗窃。

（资料来源：腾讯网，有改动）

一、校园盗窃常发场所

（一）宿舍

校园内的盗窃案多发生在宿舍、食堂、图书馆、体育场馆等场所。其中，宿舍是校园中最常发生盗窃事件的地方，盗贼在宿舍实施盗窃的方式主要有以下几种。

1. 顺手牵羊

盗贼趁大学生不注意，将其放在书桌上、床上、抽屉内的贵重物品顺手拿走；或者以上门服务、送东西、推销商品、找人等借口混入宿舍，趁大学生上厕所、洗澡或到隔壁宿舍时，将室内的贵重物品偷走。

2. 乘虚而入

盗贼趁大学生不在宿舍时进入宿舍，将发现的现金、存折、信用卡、贵重首饰等全部偷走。

宿舍盗窃案例

案例

“女学生”屡次盗窃衣服，最终被抓

某年5月初，派出所民警在某高校走访时了解到：最近一个月，该校女生宿舍大概

丢失了 40 多件衣服，而且通常是多件衣服同时丢失。民警判断这种情况属于有预谋的盗窃，便决定在该校女生宿舍楼附近蹲守。

5 月 13 日 15 时左右，一名身穿蓝色上衣的“女学生”出现在女生宿舍楼附近，手里还拎着一个大塑料袋。这个时间点，大多数学生都在上课，“女学生”此时出现有点可疑，此外，民警目测这名“女学生”比一般学生成熟很多，于是便上前亮明身份。“女学生”看到民警后，扔下袋子转身就跑，但被民警一把抓住。眼见落网，“女学生”当场承认自己盗窃衣服的犯罪事实。

据悉，该“女学生”今年 33 岁，由于没有固定收入，她便潜入校园盗窃挂在宿舍楼走廊内的衣服，然后以每件 10 元左右的价格在夜市的地摊上销售。

（资料来源：百家号，有改动）

3. 竹竿钩盗

盗贼用竹竿等工具将大学生晒在窗外的衣服钩走，有的甚至会把纱窗弄坏，然后钩走放在书桌上、凳子上的衣服、皮包等。

4. 翻窗入室

盗贼翻越没有加固的窗户入室行窃，然后大摇大摆地从大门离去。

5. 撬开门锁

盗贼借用多种手段撬开门锁，盗窃大学生宿舍内的手机、电脑、照相机、名牌衣服、高级运动鞋等贵重物品。

6. 盗取钥匙

盗贼盗取大学生随手乱放的钥匙，尾随大学生，摸清其所住宿舍的位置，然后趁无人时打开大学生所住宿舍的门锁，盗走现金和贵重物品等。这类盗窃案多是熟人所为。

宿舍接连被盗，竟是熟人所为

某高校外语系的朱某和同宿舍的其他两人一同到学校保卫处报案，称他们宿舍从去年下半年开始接连发生多起盗窃案，被盗物品除了现金、手表外，还有其他生活用品，价值达 5 000 多元。经调查，同宿舍的汪某有重大作案嫌疑。系辅导员、班主任多次与汪某谈话后，汪某承认了盗窃事实，并交代了盗窃过程。

（资料来源：豆丁网，有改动）

（二）食堂

大学生在学校食堂就餐时，若不留意随身携带的物品，则容易被偷。盗贼在食堂实施盗窃的方式主要有以下几种。

1. 尾随排队

盗贼往往在食堂人多的时候溜进去，然后跟在排队打饭的大学生后面，趁机盗窃大学生口袋内的手机、现金或敞开的背包中的平板电脑、钱包等（见图 6-1）。盗贼得手后，一般会立即换到其他队伍后，继续作案。

图 6-1　排队时被盗

2. 顺手牵羊

食堂就餐人数较多时，不少大学生会先将书包、电脑包等放到餐桌上或椅子上，用来占座，然后再去窗口排队打饭。在人多混乱的情况下，盗贼会顺手将大学生用来占座的物品拿走。

案例

在食堂吃饭时手机被偷

一日，某高校 4 名大学生同时报案称，他们的手机在学校食堂被偷。学校从派出所获悉，此盗窃案是由 5 人组成的盗窃团伙所为。这 5 名犯罪嫌疑人的年龄与高校大学生的年龄相仿，经常流窜于各个高校的食堂，盗窃大学生的财物。目前，该盗窃团伙已被抓获。

（资料来源：百度文库，有改动）

（三）图书馆

大学生在图书馆学习时，往往会将外套、书包、电脑、手机等物品随手放在一旁，而不留意看管，从而给盗贼提供了盗窃机会。

图书馆盗窃案

某年10月24日上午，北京某派出所接到报警，大学生黄某称自己在图书馆学习时，放在书包内的现金和放在书桌上的平板电脑被盗。监控视频显示，事发当天上午9时，一名戴眼镜的男子进入图书馆后四处游荡，在黄某上厕所期间，趁机偷走黄某的财物。

虽然监控视频中的犯罪嫌疑人酷似学生，但民警根据多年经验，判断出该犯罪嫌疑人很可能在作案时进行了伪装。随后，民警调取校外的监控视频，发现犯罪嫌疑人摘掉了眼镜，并搭乘公交车离去。

10月25日21时许，民警在河北燕郊将犯罪嫌疑人抓获，并在其暂住地找到了被盗的平板电脑等赃物。经审查，犯罪嫌疑人水某承认10月24日盗窃了黄某的现金和平板电脑的事实，同时还交代了其在高校图书馆、教学楼等处多次作案的事实。

（资料来源：股城网，有改动）

（四）体育场馆

大学生在体育场馆内打篮球、打羽毛球时，会将注意力放在各项运动上，而忽视放在场边的物品，这给了盗贼可乘之机。

体育场馆盗窃事件

某高校酒店管理专业的学生傅某到学校保卫处报案，称自己在体育场馆内打篮球时，将外套放在一边，打完球后发现外套丢失，并称自己的外套口袋中有一部手机、一张校园卡和少量现金。经调查，该盗窃事件是该校学生刘某所为，学校已依据校规对刘某进行了处罚。

（资料来源：豆丁网，有改动）

互动空间

除宿舍、食堂、图书馆、体育场馆外，校园内的哪些场所也可能成为盗贼作案的地方？

二、校园盗窃常发时间

（一）新生入学期间

新生入学时，往往会带较多现金和贵重物品，很容易成为盗贼盗窃的目标。尤其在新生军训期间，宿舍内长时间无人，盗贼往往会趁机作案。

（二）上课期间

大部分高校通常将课程安排在 9:00—11:00 和 14:00—17:00，在这两个时间段内，绝大多数大学生都在教室上课，盗贼很容易进入宿舍，实施盗窃。

（三）夜间

很多大学生安全防范意识差，晚上睡觉时常常不反锁宿舍门。盗贼便会趁大学生熟睡时，悄悄进入宿舍，实施盗窃。

（四）校内举办大型活动期间

校内举办大型活动（如运动会、元旦晚会等）期间，大部分大学生都不在宿舍，盗贼便会趁机进入宿舍，实施盗窃。另外，参加活动的大学生大多沉浸在热闹的气氛中，疏于保管随身物品，盗贼此时若混入人群，便会趁机盗走大学生的钱包、手机等贵重物品。

趁学校举办运动会，盗窃宿舍财物

某日上午，济南市某派出所接到报警，事主称自己宿舍内的 6 台笔记本电脑被盗，民警立即赶赴现场进行勘查。民警了解到，案发当日，学校正在举办运动会，大多数学生宿舍都没人，被盗宿舍的门锁是被人暴力撬开的。结合监控视频和目击者的描述，民警确定犯罪嫌疑人为住在该宿舍楼的学生王某。随后，民警将王某抓获，并在其床下找到了被盗的 6 台笔记本电脑。

（资料来源：腾讯网，有改动）

（五）临近毕业期间

临近毕业，大部分毕业生都忙于毕业答辩、找工作等，这些事情会耗费他们很多精力，导致他们无暇顾及财物安全问题，盗贼就会趁机实施盗窃。

明镜高悬

我国法律对盗窃人员的处罚规定

《刑法》第二百六十四条规定："盗窃公私财物，数额较大的，或者多次盗窃、入户盗窃、携带凶器盗窃、扒窃的，处三年以下有期徒刑、拘役或者管制，并处或者单处罚金；数额巨大或者有其他严重情节的，处三年以上十年以下有期徒刑，并处罚金；数额特别巨大或者有其他特别严重情节的，处十年以上有期徒刑或者无期徒刑，并处罚金或者没收财产。"

课后互动

以小组为单位，讨论在校园盗窃案多发的场所，你一般是怎样保管财物的。

单元二 学会预防和应对校园盗窃

案例引入——门锁完好，宿舍却接连被盗

某年10月，西安市某高校连续发生3起宿舍被盗事件。通过现场勘查，警方发现被盗宿舍的门锁都是完好的，并没有被撬动的痕迹。随后，警方调取了监控视频，经过分析，确定犯罪嫌疑人为校外人员张某。11月2日，警方在张某家中将其抓获。

据张某交代，他通过翻墙的方式进入校园，然后在宿舍楼里游荡，确认宿舍无人后，他便伸手在门框上摸，一旦找到钥匙，他就会进入宿舍，实施盗窃。原来，不少大学生担心自己或舍友出宿舍时忘记带钥匙，便将钥匙放在门框上，这才给盗贼留下了可乘之机。

（资料来源：百家号，有改动）

一、校园盗窃的预防

（一）预防宿舍盗窃

为预防宿舍盗窃，大学生应做到以下几点。

（1）养成随手关窗、随手锁门的习惯。最后离开宿舍的人，哪怕是离开一会儿，也要关好窗户、锁好门（见图6-2），以防盗贼乘虚而入。

（2）不留宿外来人员。大学生热情好客很正常，但不可违反宿舍管理规定，随便留宿外来人员，以防引“狼”入室。

图 6-2　出门要关好窗户、锁好门

（3）注意保管好自己的钥匙，如图 6-3 所示。大学生要妥善保管宿舍钥匙、箱包钥匙、抽屉钥匙等，不能将钥匙随意借给他人或乱丢乱放，以防“有心之人”配制或偷走钥匙，伺机实施盗窃。

图 6-3　注意保管好自己的钥匙

（4）注意保管好大额现金、银行卡、存折等。要将大额现金及时存入银行，并慎选银行卡或存折的密码，可选择容易记忆且不易被破译的数字作为密码，不要选择自己的出生日期或学号等数字作为密码。如果确实需要将大额现金临时存放在宿舍，则必须将存放现金的抽屉或柜子上锁并将钥匙随身携带。另外，不要将银行卡、存折等与身份证、学生证等放在一起，以防盗贼盗走后冒用身份，去银行挂失或修改密码。

（5）妥善保管贵重物品。在校期间，大学生最好将贵重物品锁在抽屉里或柜子里，以防盗贼“顺手牵羊”。放假回家时，大学生应将贵重物品随身带走或委托可靠的人保管，不可将其留在宿舍。

（6）警惕宿舍楼内形迹可疑的人。盗贼准备到宿舍行窃时，往往会先混入宿舍楼，并在宿舍楼中四处转悠。一旦发现此类形迹可疑的人，大学生应主动上前询问，并请对方出示相关证件。如果对方神色慌张、支支吾吾，大学生可立即报告宿舍管理员。

（二）预防食堂盗窃

为预防食堂盗窃，大学生应做到以下几点。

（1）排队打饭时，应注意周边环境，提高警惕，不要将手机、钱包等放在裤子的后兜里，最好将背包移至身前。

（2）不要将饭卡、手机、钱包等随手放在餐桌上，就餐结束准备离开时，记得带走随身物品。若发现饭卡丢失，应立即挂失。

（3）如果需要用书包占座，应取出书包内的贵重物品（如手机、电脑、相机等），随身携带或找同学帮忙看管，如图 6-4 所示。

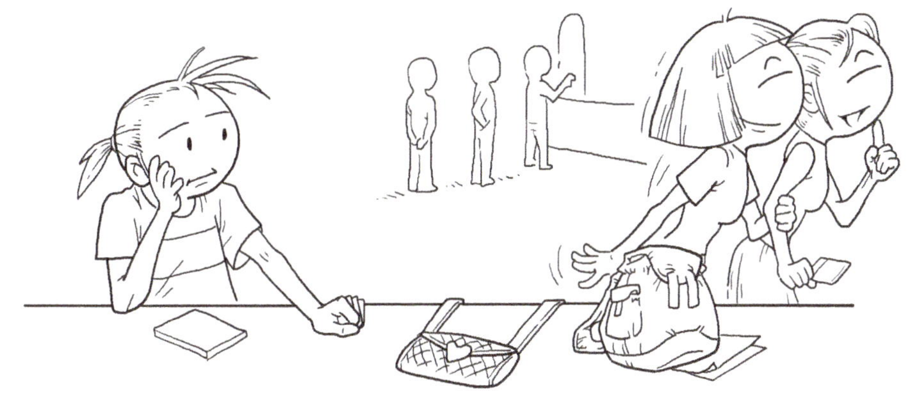

图 6-4 找同学帮忙看管贵重物品

（三）预防图书馆盗窃

为预防图书馆盗窃，大学生应做到以下几点。

（1）不要将书包、衣服等随意放在桌子上或椅子上。

（2）不要将手机、电脑等电子设备放在视线范围之外充电。

（3）去厕所或外出接打电话时，应将贵重物品随身携带或找同学帮忙看管。

（四）预防体育场馆盗窃

为预防体育场馆盗窃，大学生应做到以下几点。

（1）去体育场馆时尽量不带过多现金、贵重物品。

（2）若体育场馆内有保管处，应将物品寄存在保管处；若无保管处，应将物品置于显眼处由专人看管或轮流看管，不能随意乱放。

（3）注意形迹可疑的人，如东张西望的人或只注意他人物品、在他人物品周围徘徊的人。

（4）运动间隙，随时看一看放在一边的物品，确认物品是否还在；离开前，清点物品，以便及时发现被盗或丢失的物品。

案例

打球时丢失手机，调监控最终寻回

某年12月1日，某高校大学生小陆买了一部价值3 000余元的新手机。12月4日晚，小陆和同学在篮球场打球时，把手机和背包放在了篮球架的底座上。打完球后，小陆发现自己的手机不见了，于是到保安处求助，并在去保安处的途中借同学的手机报了警。

民警接到报警后，马上赶到现场并调取了监控视频。监控视频显示，案发时段，一名男子在放手机的篮球架周围徘徊，并有捡拾动作。民警根据男子的衣着特征，在附近展开搜寻工作，发现该男子还在校内游荡，便将其制服。随后，民警在该男子的摩托车后座箱内找到了小陆丢失的手机。

（资料来源：百家号，有改动）

互动空间

你平时会将贵重物品存放在哪里？这些存放措施是否存在安全隐患？若存在被盗风险，你应采取哪些预防措施？

贵重物品的防盗措施

二、校园盗窃的应对

如果在校园内遭遇盗窃事件，大学生应在确保自身安全的前提下，根据当下情况采取相应的应对措施。

（一）发现可疑人员时的应对措施

在宿舍发现可疑人员时，应主动上前询问或悄悄地观察。询问可疑人员时，要注意以下几点：① 态度始终温和，即使可疑人员态度恶劣，也应与之说理，切不可动手；② 不能私自搜身，必要时，可请可疑人员将口袋或包中的物品拿出来，以供检查；③ 如果可疑人员确实是盗贼，还要防止其突然行凶或逃跑。

（二）遇盗贼时的应对措施

1. 团结一心，大胆缉贼

如果在宿舍发现盗贼，要及时采取有效措施防止盗贼逃跑。在没有惊动盗贼的情况下，应一边守住宿舍门或窗户，一边找同学帮忙。如果盗贼已经被惊动，应大声呼叫，和同学一起围堵盗贼。如果盗贼行凶，可进行正当的防卫。

2. 注意安全，随机应变

在援兵未到之前，要与盗贼保持一定的距离，谨防盗贼行凶伤人。万一盗贼夺路而逃，应紧随其后，同时大喊“抓贼”。如果遇到团伙作案，在其分头逃跑时，要集中力量抓住其中一个。

3. 抓住盗贼，妥善处理

一旦抓住盗贼，应采取强制措施将其控制住，并尽快通知学校保卫处。必要时可直接将其扭送至学校保卫处，但要预防盗贼趁机逃走或伤人。此外，在扭送过程中，不能随意辱骂、殴打对方，否则有可能负法律责任。

案例

发现盗贼，理性处理

某年 11 月 14 日下午，成都某体育学院一名体育教育专业的学生回宿舍时，撞见一名正在宿舍内盗窃的男子，便呼喊宿舍楼内的其他同学前来帮忙。同学们赶来后，迅速将盗贼团团围住。大家虽然很气愤，但都按捺住了怒火，没有殴打盗贼，只是将其控制住并拨打了报警电话。随后警察赶到，将盗贼带上了警车。

（资料来源：百家号，有改动）

4. 盗贼逃脱，记住特征

若无法当场抓获盗贼，应记住其特征，如年龄、性别、身高、相貌、衣着、口音等，以便警方破案。

（三）被盗后的处置方法

（1）立即报告学校保卫处，同时封锁现场，不准任何人进入。

（2）主动向保卫人员提供线索，如宿舍楼内过道、楼梯、窗户等的布局，宿舍内人员、物品等的基本情况，以及可疑人员的基本特征等，以便保卫人员及时拟定相应的解决办法。

（3）如果发现存折或银行卡被盗，应尽快到银行挂失，如图 6-5 所示；如果手机被盗，应尽快办理停机手续。

图 6-5 尽快到银行挂失

课后互动

你或你的同学是否遭遇过盗窃事件？你们是如何处理的？

单元三 掌握实验室安全知识

案例引入——谨防实验室安全事故

案例 1：某高校实验室储存的 1 桶已稀释的丙烯醛泄漏并散发出刺鼻气味，实验室内的 5 名实验人员均因吸入丙烯醛蒸气而感到身体不适，所幸被送到医院后均无大碍。

案例 2：在某高校实验室内，小陈准备配制氯化亚铜的氨溶液。他首先将氯化亚铜溶液倒入平底烧瓶内，然后从药品柜中拿出两瓶他以为是氨水的试剂，并将两瓶试剂倒入一个烧杯中。然而，其中一种试剂是浓度为 98%的浓硫酸，其与氨水发生剧烈反应后，烧杯炸裂。飞溅出的溶液溅到小陈的脸上和手上，导致他的皮肤被局部灼伤。

案例 3：某高校实验人员做完实验后，随手将实验过程中产生的废液倒入一个废液桶中，导致废液桶内的废液四溅。

（资料来源：豆丁网，有改动）

实验室是高校进行人才培养和科学研究的重要场所，具有实验人员集中且流动性大、实验仪器使用频繁、风险难以预见与防控等特点。实验室一旦发生安全事故，轻则造成实验仪器损坏和财产损失，重则造成人员伤亡，同时给高校带来不良的社会影响。大学生应掌握实验室安全知识，学会预防和应对常见的实验室安全事故。

一、常见的实验室安全事故

常见的实验室安全事故主要有火灾事故、爆炸事故、毒害性事故、机电安全事故等。

（一）火灾事故

火灾事故是实验室安全事故中最为常见的一种，包括电气火灾事故、化学品火灾事故等。实验室发生火灾事故的主要原因如下。

（1）电气设备电线老化、过载，实验人员对电气设备操作不当等。

（2）实验人员不当使用、储存化学品等。

（3）实验人员的疏忽，如忘记将酒精灯熄灭或忘记关闭电炉等。

（二）爆炸事故

爆炸事故主要包括危险化学品爆炸事故、高压容器爆炸事故和粉尘爆炸事故等。一般来说，实验室发生爆炸事故的主要原因如下。

（1）实验人员对易燃易爆化学品（如乙炔、氢气、过氧化物、重氮盐等）管理不当。例如，没有按规定储存易燃易爆化学品，造成其泄漏而引发爆炸；在搬运易燃易爆化学品的过程中，使其受热或受到猛烈撞击、摩擦而引发爆炸；等等。

（2）实验人员对高压、高能实验装置操作不当，或实验步骤不完善。例如，在密闭或狭小的容器中进行蒸馏、回流等操作，导致反应过程中产生的热量或大量气体难以释放，最终引发爆炸。

（3）实验设备老化或出现故障。

案例

实验室冰箱爆炸事故

某年 10 月 2 日，某高校化工与制药大楼 401 实验室发生冰箱爆炸事故。虽然没有人员伤亡，但整个实验室被炸毁了。

调查发现：该实验室的冰箱内共存放了 17 种有机试剂，部分密封不严的有机试剂泄漏并产生了易燃易爆气体。由于冰箱门长时间没有打开，冰箱内易燃易爆气体的浓度不断升高，不久便达到了爆炸极限。此外，冰箱是自动控温的，当冰箱内的温度低于额定温度时，电源会自动断开；当冰箱内的温度高于额定温度时，电源又会自动接通。在电源断开或接通时，控制元件的触点会迸发出电火花，浓度达到爆炸极限的易燃易爆气体遇到电火花便引发了爆炸。

（资料来源：豆丁网，有改动）

（三）毒害性事故

毒害性事故主要包括毒害性物质泄漏事故和中毒事故。一般来说，实验室发生毒害性事故的主要原因如下。

（1）实验人员在做一些涉及毒害性物质的实验时，违规操作或疏于防护。

（2）实验人员对毒害性物质管理不善。

（3）实验设备老化或出现故障。

（四）机电安全事故

机电安全事故大多发生在机械实验室和电气实验室中，主要包括夹挤、碾压、切割、缠绕、卷入、刺伤、碰撞、电击等事故。一般来说，实验室发生机电安全事故的主要原因有实验人员操作不当或缺乏防护装备、实验设备老化或出现故障等。

案例

不戴安全帽，头发不慎被绞

某高校一位女生在车间实习时，考虑到中途要外出开会，她不想因戴安全帽而影响了发型，于是抱着侥幸心理没有按要求戴安全帽。结果，在操作机械时，该女生一不留神，头发被旋转的丝杠绞了进去。出于本能反应，该女生用手紧紧抓住头发并拼命叫喊。指导老师发现后及时拉下总电闸，才未酿成大祸。但由于丝杠旋转的惯性，该女生的头皮还是受了伤。

（资料来源：百度文库，有改动）

二、常见实验室安全事故的预防和应对

（一）火灾事故的预防和应对

1. 火灾事故的预防

为了预防实验室发生火灾事故，大学生应做到以下几点。

（1）在做实验前，了解实验室内电气设备、高温设备、高压设备的使用方法和使用注意事项，认真检查实验仪器，若发现电线或设备存在故障，应立即向指导老师报告。

（2）在实验过程中严格按照操作规程操作各种设备，做实验时集中注意力，尤其在使用易燃易爆化学品时更要小心谨慎，不得在烘干箱内加热易燃易爆化学品。

（3）将实验材料妥善保管、分类存放；按规定及时处理废弃物，严禁将废弃物随意乱放。

（4）做完实验后，整理各种实验仪器和试剂，关闭电源、水源、气源，并对实验室

进行全面的安全检查，确认无安全隐患后方可离开。

2. 火灾事故的应对

若火灾处于初起阶段，实验人员应移走着火物品附近的可燃物，尽可能将易燃易爆化学品、压力容器等转移到安全地带，同时关闭实验室内的电闸及各种气瓶的阀门，然后根据火灾类型选择合适的灭火方式。

若火势很大且有继续蔓延的趋势，实验人员应立即撤离现场，并在确保自身安全的情况下，及时按下距离自己最近的消火栓按钮（见图 6-6），同时立即拨打火警电话。

图 6-6 消火栓按钮

案例

电线老化引发的火灾事故

某年 7 月，在某高校实验室中，小陈在使用电炉时，因电炉中电线老化而引发火灾。刚开始火势很小，小陈本可以使用实验室内的干粉灭火器将火扑灭，但遗憾的是，小陈一看到着火便立即跑出实验室，找人帮忙灭火。待小陈和其他人赶回实验室时，火势已经无法控制，他们不得不慌忙逃离火场。虽然后来消防人员赶到将火扑灭，但这场火灾给学校造成了无法挽回的经济损失。

（资料来源：豆丁网，有改动）

（二）爆炸事故的预防和应对

1. 爆炸事故的预防

为了预防实验室发生爆炸事故，大学生应做到以下几点。

（1）不能随意混合各种化学品，如高锰酸钾和甘油等；在点燃氢气、一氧化碳等易燃气体之前，必须先检查其纯度；不能研磨氯酸钾、硝酸钾、高锰酸钾等强氧化剂及其混合物。

（2）使用易燃易爆化学品时，应严格按照操作规程进行；使用浓硝酸、高氯酸和过氧化氢等氧化剂时，应避免使其与有机物接触。

（3）在做放热反应实验时，为避免反应过于剧烈而引发爆炸，可采取控制加热速度等措施，同时应做好防护措施，如使用防护屏或佩戴防爆面罩等。

（4）切勿在封闭系统内进行常压蒸馏或加热回流实验，不得使用受压不均的仪器（如锥形瓶等）进行减压蒸馏实验。

（5）发现燃气管、气瓶阀门漏气时，应立即关闭总阀门，打开窗户，并通知维修人员进行修理。

2. 爆炸事故的应对

如果发生爆炸事故，首先应安排受伤人员撤离现场，并将其送往医院；同时应立即切断电源，关闭气瓶的阀门，并迅速清理现场，以防引发火灾或中毒事故。若已引发其他事故，则按相应办法处理。

（三）毒害性事故的预防和应对

1. 毒害性事故的预防

为了预防实验室发生毒害性事故，大学生应做到以下几点。

（1）在做实验前，熟悉实验室安全制度，掌握危险化学品知识和实验安全操作规程，在老师的指导下制订好实验方案，熟悉所用试剂及反应产物的性质和潜在危险，做好防爆、防火、防溅等措施。

（2）进入实验室前，应按规定穿戴好必要的安全防护装备；进入实验室后，应检查实验仪器是否完好，装置是否安装正确且放置稳妥。

（3）在做实验过程中，应注意实验仪器有无漏气、破裂现象，以及反应是否正常进行；严格按照有关规定领取、使用和存放各类化学品；对化学废液进行分类收集、存放，严禁将化学废液倒入下水道；保持实验室整洁、空气流通，严禁在实验室内吸烟、饮食。

（4）实验结束后，应对实验室进行系统检查，确认没有问题后应整理好桌面，做好收尾工作。

2. 毒害性事故的应对

1）泄漏事故的应对

一般来说，毒害性物质泄漏后的应对措施主要包括控制泄漏源和处理泄漏物两个步骤，即先关闭输送泄漏物的管道阀门或堵住泄漏点，然后对泄漏物进行覆盖、收集、稀释等，以防发生二次事故。常用的处理实验室泄漏物的方法有吸收法、覆盖法、收集法和固化法，具体如表 6-1 所示。

表 6-1 常用的处理实验室泄漏物的方法及其操作要点

方法	操作要点
吸收法	若易被蛭石或惰性物质吸收的液态毒害性物质泄漏，可先用蛭石或惰性物质进行吸收，再将蛭石或惰性物质转移至空旷处深埋或采取其他安全处理措施
覆盖法	若易迅速与空气融合形成爆炸性混合物或易挥发的毒害性物质泄漏，可将泡沫或冷冻剂覆盖在泄漏物的表面，以抑制泄漏物的挥发
收集法	若毒害性物质泄漏较多，可用隔膜泵将泄漏物抽入槽车内；若毒害性物质泄漏较少，可用活性炭、沙子、木屑等吸附材料吸附泄漏物，然后将吸附后的材料收集起来
固化法	在泄漏的毒害性物质中加入能与其发生化学反应的固化剂（如水泥、石灰等），使其固化。若固化的泄漏物无害，可将其原地堆放而不需要进行进一步处理；若固化的泄漏物仍然有害，必须将其运至废弃物处理场进行进一步处理

小提示

隔膜泵是指依靠隔膜片的来回鼓动吸入和排出液体的泵。

2）中毒事故的应对

有人中毒时，大学生应根据中毒者的中毒原因采取不同的应对措施，具体如表 6-2 所示。

表 6-2 中毒事故的应对措施

中毒原因	应对措施
吸入毒害性物质	立即拨打 120 急救电话，将中毒者转移到室外，解开中毒者的衣领、裤带等，然后观察其呼吸情况。若救护车未到而中毒者呼吸困难，应立即对其做人工呼吸，但不要采用口对口呼吸法，以防中毒
吞食毒害性物质	立即拨打 120 急救电话，并向医务人员说明毒害性物质的种类、中毒者的症状、中毒时间等。在等待医务人员到达期间，为减轻中毒者的症状，可采取以下措施： （1）帮助中毒者饮用水、牛奶等，以降低中毒者胃液中毒害性物质的浓度，减缓毒害性物质被人体吸收的速度并保护胃黏膜 （2）用手指或茶匙柄部摩擦中毒者的喉头或舌根，使中毒者呕吐；若用这种方法不能让中毒者呕吐，可使中毒者服用适量吐根糖浆（一种能够排除中毒者胃内毒害性物质的糖浆），或者在 80 mL 热水中加入一茶匙食盐，搅拌均匀后让中毒者服下
皮肤接触毒害性物质	立即拨打 120 急救电话，然后将中毒者移离现场。在医务人员到达之前，可先用自来水冲洗中毒者沾染了毒害性物质的皮肤
毒害性物质进入眼睛	立即拨打 120 急救电话，然后将中毒者移离现场，再用洗眼器冲洗中毒者的眼睛。若毒害性物质可与水发生反应，应先用沾有植物油的棉签或干净的毛巾擦去进入中毒者眼睛的毒害性物质，再用洗眼器冲洗中毒者的眼睛

互动空间

小李在做实验时，发现实验仪器的某处阀门漏液，于是找来检修工小王，希望他能更换漏液阀门。小王检查过实验仪器后，首先关闭了漏液阀门左右两侧的阀门，然后准备更换漏液阀门。在更换过程中，为方便操作，小王摘下防毒面罩，并将其递给小李。当小王扭开漏液阀门上的压盖螺栓时，从阀门内喷出一股夹带碱液的蒸气，且蒸气刚好喷在小王的面部，造成小王面部灼伤。

讨论：假如你是小李，遇到上述情况，你会采取怎样的应对措施？

（四）机电安全事故的预防和应对

1. 机械安全事故的预防和应对

1）机械安全事故的预防

（1）按照安全要求着装，正确使用各种防护用品。

（2）使用机械前，确定其性能良好；按规定正确使用机械，不能私自更换机械上的附件或随意设定参数。

（3）在机械运转时，应注意以下几点：① 不得用手代替夹具来调整或修理机件，也不得擦拭或用手触摸机械运转部分，如果必须进行相关操作，则应先关停机械；② 不能将刀具、夹具等物品放在机床旋转体上或工作台面上；③ 禁止用手直接清理或用嘴吹机械危险部位上的切屑等杂物。

（4）操作结束时，首先应关停机械，然后将刀具和工件从机床上卸下。

2）机械安全事故的应对

（1）在保证师生安全的前提下，切断实验室总电闸，关停事故机械。

（2）发现有人受伤时，应遵循及时、有序、有效和最大程度减少伤害的原则，对受伤人员实施现场急救。

（3）及时调查发生事故的原因，采取相应补救措施，防止类似事故再次发生。

2. 电气安全事故的预防和应对

1）电气安全事故的预防

（1）不能乱接电线或随意改装线路。

（2）使用正规接线产品，严禁使用破损的插头、插座或接线板；当发现插座松动、插头电线裸露时，应及时更换插座、插头。

（3）在安装或维护仪器时，要先断电再操作；对于一些拆装、维护难度较大的仪器，应请专业人士来操作；在实验前，应先检查仪器再接通电源；在实验结束后，应及时关闭电源。

（4）不要用湿手接触仪器，也不要用湿毛巾擦拭仪器；当发现仪器过热、报警、产生烟雾、产生焦味时，要立即切断电源。

（5）在雷雨天气或停电时，应尽量关闭电源，尤其是加热仪器的电源。

（6）使用高压电源时，要按规定穿好绝缘鞋（见图 6-7），戴好绝缘手套，并站在硅胶绝缘垫上，用专业工具进行操作。

图 6-7　绝缘鞋

2）电气安全事故的应对

高校实验室中发生电气安全事故时，施救者首先应使触电者脱离电源，具体方法如下。

（1）拉。如果触电地点附近有电源开关或插头，应立即断开开关或拔出插头，以切断电源。

（2）切。若在触电地点附近找不到电源开关或插头，可用带有绝缘柄的电工钳或带有干燥木柄的斧头切断电线。

（3）挑。当电线搭在触电者身上或被压在触电者身下时，可用橡胶棒、木棒、木板等绝缘物将电线挑开。

（4）拽。若触电者身上的衣服是干燥的，施救者可戴上手套或站在干燥的木板、橡胶垫等绝缘物上，用一只手抓住触电者的衣服，将其拽离电源。

在触电者脱离电源后，施救者应迅速拨打 120 急救电话，然后根据触电者的症状采取科学的急救措施。

案例

实验室触电急救

某高校 2 名学生在实验室做物理实验时发生了触电事故。事发经过如下：刘某不小心用手触碰到电气设备上裸露的电线而触电倒地，张某想直接用手将刘某拉离电线，结果也触电了。这时，缓过神来的王某赶紧用干燥的木制拖把杆将电线从两人身上挑开，及时帮刘某和张某脱离了险境。

由于触电时间较短，刘某和张某并未昏迷，只是表现出呼吸急促、肌肉抽搐的症状。在其他同学的帮助下，两人被迅速送往医院进行治疗。

（资料来源：搜狐网，有改动）

课后互动

以小组为单位，就以下问题进行讨论。

（1）假如你所在的实验室位于8楼，你在做实验时突然闻到一股刺激性气味，并且感觉呼吸急促，还不停地流泪。你推开实验室大门，发现对面实验室发生火灾，火势正在向四周蔓延。遇到这种情况，你应当采取哪些应对措施？

（2）在化学实验室中，实验人员经常会使用一些易燃、有毒的有机试剂，并且要经常进行加热、回流、蒸馏等操作。假如你是化学专业的一名学生，请你结合所学知识，提出今后在实验操作过程中应注意的事项。

（3）假如在一次实验中，一名学生因误触电气设备上裸露的电线而触电，并出现抽搐和呼吸急促的症状。此时，你应当采取哪些应对措施？

小试牛刀

一、填空题

（1）校园盗窃案常发场所包括________、________、________、________等。

（2）校园盗窃常发时间包括________、________、________、________、________。

（3）在体育场馆运动时，若体育场馆内有保管处，应________________；若无保管处，则应________________________。

（4）实验室常见安全事故主要有________、________、________、________等。

（5）若易迅速与空气融合形成爆炸性混合物或易挥发的毒害性物质发生泄漏，可采用________处理泄漏物。

二、单项选择题

（1）对于贵重物品的保管，下列做法中不正确的是（　　）。

A．随手将其放在宿舍的桌子上

B．将其锁在柜子里或寄存在宿管处

C．将其随身带走或委托可靠的人保管

D．及时收回晾晒在室外的名牌衣服

（2）在食堂排队打饭时，正确的做法是（　　）。

A．不注意周边环境，低头玩手机

B．将手机、钱包等放在裤子后兜里

C．将饭卡、手机、钱包等随手放于餐桌上

D．请同学帮忙看管贵重物品

（3）宿舍发生盗窃案后，大学生首先应（　　）。

A．保护现场　　　　B．翻看自己的物品

C．自行调查　　　　D．指责舍友

（4）遇到盗贼时，正确的做法是（　　）。

A．援兵未到之前，独自与盗贼搏斗

B．与同学一起制服盗贼，并对其拳打脚踢

C．无法抓住盗贼时，应记住其体貌特征

D．若盗贼分头逃跑，应分头去追

（5）进行化学实验时，下列做法中正确是（　　）。

A．随意混合各种化学品，如高锰酸钾和甘油等

B．在点燃氢气、一氧化碳等易燃气体之前，先检查其纯度

C．在封闭系统内进行常压蒸馏或加热回流实验

D．使用受压不均的仪器（如锥形瓶等）进行减压蒸馏实验

三、判断题

（1）最后离开宿舍的人，要关好窗户、锁好门，以防盗贼乘虚而入。（　　）

（2）银行卡、存折等可与身份证、学生证等放在一起。（　　）

（3）发现形迹可疑的人进入宿舍楼时，要提高警惕。（　　）

（4）在图书馆看书时，若只是去厕所，可不用担心放在桌子上的贵重物品。（　　）

（5）在机械运转时，可以用手直接清理或用嘴去吹机械危险部位上的杂物。（　　）

四、简答题

（1）如何预防体育场馆盗窃？

（2）简述被盗后的处置方法。

（3）简述电气安全事故的应对方法。

学习成果评价

指导教师根据学生对本模块的实际学习成果对其进行评价，学生配合指导教师共同完成表 6-3 所示学习成果评价表。

表 6-3　学习成果评价表

班级		组号		日期	
姓名		学号		指导教师	
学习成果/模块名称	防盗防险筑坚墙				
评价项目	评价内容		评价方式	满分/分	评分/分
知识 40%	校园盗窃的常发场所及常发时间		理论测试	10	
	校园盗窃的预防及应对方法			10	
	实验室安全事故的类型			10	
	常见实验室安全事故的预防和应对方法			10	
技能 40%	预防校园盗窃		实践操作	10	
	发生校园盗窃时采用正确的方法应对			10	
	预防实验室安全事故			10	
	在实验室发生安全事故时采用正确的方法应对			10	
素养 20%	积极参加教学活动，主动学习、思考、讨论		综合评判	6	
	认真负责，按时完成学习任务			4	
	谦虚勤勉，能够认识自己的不足			4	
	团结同学，热情友善			4	
	守正创新，自信自强			2	
合计				100	
自我评价					
教师评价					

模块七

自我防护助平安

知识目标

- 了解岗位实习中易发生安全事故的原因，掌握岗位实习安全防范措施；了解常见的社会实践安全危机及其预防措施。
- 掌握行路安全危机和乘坐交通工具安全危机的预防与应对措施。
- 理解抢劫的主要特点，掌握抢劫的预防与应对措施；了解性侵害的主要类型和场所，掌握性侵害的预防和应对措施。
- 掌握常用的急救方法和常见急症的救护方法。

素质目标

- 了解我国法律对行人行路的规定，自觉维护道路通行秩序和道路交通安全，增强守法意识、安全意识和文明意识。
- 了解我国法律对抢劫人员和强奸人员的处罚规定，感受法律的威严，自觉正心修身，做到心有所畏、言有所戒、行有所止。

单元一 了解外出实习实训安全知识

案例引入——实习期间受伤，三方担责

杨某是某高校汽车维修专业的学生。毕业前夕，他被学校安排到一家汽车销售公司实习，其日常工作就是在师傅的带领下对客户的汽车进行保养。

一天，杨某独自维修一辆汽车时，让车主配合进行挂挡、摘挡操作。在操作过程中，汽车突然向前滑行，杨某躲闪不及，被汽车撞伤，医院诊断为左股骨粉碎性骨折和软组织损伤。杨某的家人与学校、汽车销售公司、肇事车主进行协商，没有达成一致意见，于是将三方起诉到法院。

学校认为，杨某是在汽车销售公司实习期间受伤的，况且学校在实习前已经安排了安全培训教育课，履行了教育义务，学校无须承担任何法律责任。汽车销售公司认为杨某只是在公司实习，而不是为公司工作，且在没有师傅在场的情况下独自维修汽车，违反了公司规定，公司本应追究杨某的责任，而无须赔付杨某任何费用。肇事车主认为，车辆维修环境不符合安全规范，地沟和升降台存在安全隐患，这才导致事故发生，因此应由汽车销售公司承担赔偿责任。

法院最终判处学校、汽车销售公司和肇事车主依法各承担20%、60%和20%的赔偿责任。

（资料来源：搜狐网，有改动）

为了提高自身实践能力，毕业后快速适应社会生活，大学生在校期间会参加学校组织的岗位实习活动，也会主动参加社会实践活动。然而，无论是岗位实习还是社会实践，都存在一定的安全风险。大学生只有增强安全防范意识，掌握外出实习实训安全知识，才能保护自身安全。

一、岗位实习安全

（一）岗位实习中易发生安全事故的原因

大学生在企业事业单位（包括校外实训基地）进行岗位实习时，易发生安全事故的原因如下。

（1）大学生角色转换不到位，认为自己还是学生，接受安全培训教育的主动性不高，大学生思想较单纯，安全防范意识不强，警惕性不高。

（2）大学生对实习设备不熟悉而造成操作失误或在操作设备时违反安全操作规程，

从而引发伤亡事故。例如，北京某大学烹饪系的一名学生在一家酒店实习时，错误操作厨房内的设备，导致其右手被严重烫伤。

（3）大多数学生的法律意识淡薄，在遭受非法侵害时，不懂得运用法律武器来维护自己的合法权益，致使自己在物质上和精神上受到损害。

（二）岗位实习安全防范

为保证岗位实习安全，大学生可采取以下措施。

1. 认真选择实习单位

在选择实习单位时，大学生要确认该实习单位是否严格遵守《中华人民共和国劳动法》、有无劳动保护措施等。若实习单位不具备有关法律法规所规定的条件，大学生可以依法拒绝参加实习。

2. 自觉接受安全培训

在参加岗位实习之前，大学生要自觉接受有关职业道德、劳动纪律、劳动防护和生产安全的教育培训，在思想上引起重视。例如，学习安全手册，知道进车间时必须穿戴好防护用品，进工地时不准穿高跟鞋、裙子等。

3. 严格遵守规章制度和技术操作规程

在岗位实习期间，大学生要接受学校老师和实习单位负责人的指导，认真学习并严格遵守实习单位的各项规章制度和技术操作规程，不能掉以轻心。

4. 熟记生产过程中的注意事项

大学生在工厂、建筑工地等易发生安全事故的场所实习时，应熟记以下注意事项。

（1）不擅自触摸带电的设施设备，未经允许不得擅自使用生产工具。

（2）在工作现场行走时，要随时注意房顶管道、墙壁钉子、地面阴沟等，不要随便触摸阀门、按钮等。

（3）不在工作现场嬉戏打闹、高声喧哗。

在岗位实习期间，大学生如果发现异常情况或发生安全事故，应及时向岗位实习指导老师和实习单位负责人报告，在不了解处理办法的情况下，不得擅自处理，避免发生二次事故。

二、社会实践安全

大学生充分利用课余时间进行勤工俭学等社会实践，已成为大学校园中常见的现象。然而，大学生普遍缺乏社会经验，思想比较单纯，安全意识淡薄，在参与社会实践过程中往往存在一些安全危机。为保障自身安全，大学生应了解社会实践安全危机的常见类型，学会预防常见的社会实践安全危机。

（一）常见的社会实践安全危机

1. 招聘信息与实际不符

一些不规范的中介机构利用大学生急于在假期兼职的心理，夸大事实，无中生有，以“急招”“高薪”的幌子引诱大学生报名。此外，部分不法组织披着用人单位的外衣，使用虚假招聘信息诱骗大学生从事传销、涉黄、涉赌活动。大学生入职后，发现工作内容、时间、环境和薪资等与用人单位事先介绍的情况完全不符并提出离职时，用人单位便会强制收取违约金，甚至限制大学生的人身自由。

求职择业常见“陷阱”

社会实践要警惕——大学生遇“高薪招聘”骗局

暑假期间，湖南某大学舞蹈专业的学生小秦在网上看到湖南××文化产业发展有限公司发布的招聘信息，主要工作职责是负责楼盘开盘表演和商场活动表演。对方给出的工资很诱人，每天最多工作6个小时，每个月就能拿5 000~6 000元。经过面试，小秦应聘成功，但是对方表示工作地点不在湖南而在广东，小秦只要到了广东就有人接待。虽然有些迟疑，但小秦还是坐上了开往广东的火车。

到了广东后，小秦才发现工作地点其实是一家夜店，自己的工作则是跳舞、陪酒。发现上当后，小秦当天就提出离职，但夜店要求她交纳1万元违约金才能离开。无奈之下，小秦只好向当地劳动保障监察大队寻求帮助。最终，小秦在执法人员的帮助下成功脱身，湖南××文化产业发展有限公司和涉事夜店被责令停业整顿。

（资料来源：搜狐网，有改动）

2. 收取各种费用

一些中介机构或用人单位向大学生收取押金、保证金、报名费、体检费、会员费、服装费等各种费用，并承诺入职或工作结束后退还。大学生交钱后，中介机构或用人单位往往表示暂无职位，需要等消息，随后便不知去向。

3. 扣押个人重要证件

一些中介机构或用人单位要求大学生提交重要证件原件，并声称暂时保管，等大学生提出离职索要证件时，对方便要求其交纳赎金。大学生应牢记，无论是身份证，还是学历证、毕业证，中介机构和用人单位都没有任何权利扣留。若对方要求提交这些证件，大学生应当坚决拒绝。

4. 不付报酬

一些个人或流动服务单位在假期雇用大学生，但在结算工资时往往找借口拖延，拖到

开学后便无影无踪。此外，一些不法分子会以提供家教工作为幌子，约大学生上门，抢劫其钱财或实施其他侵害。

案　例

勤工俭学遇拖欠工资

小李是一名在校大学生。某日，她在网上与陈某约定上门为其孩子辅导数学和英语，每周日下午辅导 4 个小时，持续 3 个月，费用为每小时 80 元，按月支付。所有课程结束后，陈某以孩子的成绩没有提高为由，迟迟不肯支付第三个月的工资。

小李无可奈何，只好向当地人力资源和社会保障部寻求帮助。在执法人员的协调下，小李最终拿到了第三个月的工资。

（资料来源：百家号，有改动）

（二）常见社会实践安全危机的预防

为预防常见社会实践安全危机，大学生应牢记以下几点。

1. 选择可靠的信息来源

尽量从学校的助学中心、信息公告栏，以及老师、同学等处获取社会实践信息，不轻易相信论坛、兼职群里的信息。

2. 对中介机构保持警惕

对于中介机构，大学生应注意查看或上网查询其是否具有人力资源和社会保障部颁发的“人力资源服务许可证”，查看其营业执照上的内容是否与其实际经营范围相符，确定其合法性，如图 7-1 所示。大学生在找工作时，最好选择有资质、信誉好的中介机构，不选择无证经营或信誉差的中介机构。

图 7-1　确定中介机构的合法性

3. 拒交各种费用

中介机构或用人单位以任何名义向求职者收取押金、报名费、服装费等费用，都属于违法行为。若应聘时对方要求交费，大学生应该明确拒绝。

案例

识破中介骗局，确保财产安全

临近暑假，某高校大学生小许计划找份兼职。很快，他在某招聘网站上看中了一份房地产接待员的工作。几日后，小许按照约定到某写字楼面试，发现接待自己的竟然是一家中介公司。

负责人简单询问了小许几个问题后，表示只要交纳400元会员费就能安排入职。对方连身份证、学生证等证件都没看就让自己交费，小许察觉出有些不对劲，于是谎称还有几个同学也要找工作，明天带他们一起来交费。说完，小许便离开了写字楼。

事后，小许从同学那里得知，本校一些找兼职的大学生前段时间就交过所谓的“会员费”，但交费之后，要么中介公司不知去向，要么实际工作与介绍的工作不符。

（资料来源：百度文库，有改动）

4. 不抵押证件

大学生在任何情况下，都不应将自己的身份证、学生证等证件交给中介机构或用人单位。《中华人民共和国劳动合同法》第九条规定：“用人单位招用劳动者，不得扣押劳动者的居民身份证和其他证件，不得要求劳动者提供担保或者以其他名义向劳动者收取财物。”

5. 不去偏远地点

大学生进行社会实践的地点以校园内或学校附近为佳，如果上当受骗，可以及时寻求老师、同学的帮助。此外，大学生去面试时，应尽量找人陪伴，如果面试被安排在居民楼、宾馆等不正规的地点，应予以拒绝。此外，对于中介机构在本地、用人单位在外地的情况，大学生要提高警惕，不轻易去外地工作。

6. 书面确定工作待遇等事宜

大学生要和用人单位以书面形式确定好工作内容、时间，具体薪酬及其支付时间、方式等，以免实际工作与介绍的工作不符时无法维权。

案例

口头约定需谨慎

某高校3名女生经同学介绍到李某家做家教，工作内容是对李某家的3个孩子的语文、数学、化学、物理、英语等科目进行一对一辅导。双方口头约定，报酬为每人每小时30元，每周六、每周日各工作6个小时，每月月底结算工资。

经李某"面试"合格后，3名女生当月初就开始工作。到了当月下旬，李某突然就不让她们上门辅导了，也没付她们工资。3人事后多次致电李某，要求偿付工资，但李某从不接听电话。3人还曾到过李某的工作单位要钱，李某却避而不见。为索回辛苦挣来的工资，她们将李某送上了被告席。

（资料来源：百家号，有改动）

7. 尽量不到娱乐场所工作

大学生不到娱乐场所工作的原因有两点：① 具体工作内容可能和招聘时介绍的不同，如涉及色情、赌博等违法活动；② 娱乐场所鱼龙混杂，常常有不法分子出没，大学生的人身安全难以得到保障。

课后互动

以小组为单位，就以下问题进行讨论。

（1）大学生在校外进行岗位实习期间，应注意哪些安全事项？

（2）你是否有过勤工俭学的经历？你是通过哪些渠道获取招聘信息的？

单元二 了解交通安全知识

大学生无论外出办事还是出门旅游，都不可避免地要在道路上行走、乘坐交通工具，在此过程中，也存在许多安全隐患。

案例引入——梦想因电瓶车事故而破灭

小芸从小就有云游四海的梦想，所以长大后想从事旅游方面的工作。高考时，小芸报考了某高校的旅游管理专业，并顺利考上了该校。然而，在即将去大学报到的前一晚，小芸骑着电瓶车载着同学，在一个路口与一辆工程车迎面相撞。重伤的小芸立即被送到医院，由于头部伤势过重，经过一系列抢救，小芸的心跳还是停止了。一切美好的计划，就此画上了句号。

（资料来源：百家号，有改动）

一、行路安全危机的预防与应对

大学生在校内外步行、骑车、驾驶机动车时，都要时刻保持警惕，预防并正确应对行路安全危机。

（一）行路安全危机的预防

1. 步行安全危机的预防

步行时，大学生若不按交通信号灯指示行走或翻越人行护栏进入机动车道，则可能发生安全事故。此外，大学生若不留意周边环境，也可能与闯红灯或非法驶入非机动车道的汽车相撞，从而发生安全事故。

为预防步行安全危机，大学生应做到以下几点。

（1）走右侧人行道，若没有划分人行道，应靠右侧路边行走。

（2）通过路口或者过马路时，应走人行横道、过街天桥或地下通道。

横穿马路要小心，切莫着急出车祸

某日上午，一辆银白色小轿车在某大学门口的道路上行驶。突然，一名身穿蓝色上衣的学生从人群中跑出，小车避让不及，直接撞向该学生。

监控视频显示，当时路口有 4 个人准备过马路，他们站的地方并没有斑马线。这名学生突然冲出，准备横穿马路，结果撞到银白色小轿车的右侧车头，然后头部着地摔在地上。

事故发生后，交警和医务人员立即赶到现场将该学生送到医院进行抢救。而后，该学生被诊断为特重型颅脑损伤、原发性脑干损伤，并且一直昏迷不醒。

（资料来源：百家号，有改动）

（3）通过有交通信号灯的人行横道，应当按照交通信号灯指示通行；通过没有交通信号灯、过街设施或人行横道的路口，应当在确认安全后再通行。

（4）不在道路上拦车、追车、扒车或抛物击车。

（5）不在道路上使用滑板、旱冰鞋等滑行工具。

（6）不钻、跨人行护栏或道路隔离设施，不擅自进入交通管制区。

（7）不在仅限机动车行驶的高架道路、高速公路及其他禁止行人进入的道路上行走。

（8）不边走路边玩手机。

（9）雨天出行，尽量远离高大树木或变压器、高压线等；夜间出行，尽量选择在有路灯的道路上行走，并且最好携带照明用具。

（10）经过宿舍楼或居民楼时，最好不要逗留，以免被高空掉落的物体（如花盆等）砸伤。

明镜高悬

《中华人民共和国道路交通安全法实施条例》对行人行路的规定

《中华人民共和国道路交通安全法实施条例》（以下简称《道路交通安全法实施条例》）第七十四条规定，行人不得有下列行为：

① 在道路上使用滑板、旱冰鞋等滑行工具；

② 在车行道内坐卧、停留、嬉闹；

③ 追车、抛物击车等妨碍道路交通安全的行为。

《道路交通安全法实施条例》第七十五条规定，行人横过机动车道，应当从行人过街设施通过；没有行人过街设施的，应当从人行横道通过；没有人行横道的，应当观察来往车辆的情况，确认安全后直行通过，不得在车辆临近时突然加速横穿或者中途倒退、折返。

2. 骑车安全危机的预防

自行车、电瓶车是大学生日常生活中重要的交通工具。大学生要想避免发生交通事故，必须掌握一定的骑车安全常识。

（1）骑车时应走非机动车道，若没有划分非机动车道，应在道路右侧通行。

（2）骑车应当按照交通信号灯、交通标识和交通标线通行，遇有交警在现场指挥时，应当按照交警的指挥通行；在没有交通信号灯的道路上行驶，应当在确保安全的情况下通行。

（3）确保车闸、车铃等齐全、正常。

（4）按规定让行，不随意“加塞”。

（5）骑车时集中注意力，不玩手机。

案例

骑车途中需谨慎，切勿低头玩手机

某日，在某市街头，一名骑电瓶车的大学生在过马路时低头看手机，撞上了一辆停在路边的公交车。撞上公交车后，大学生倒地不起、口吐鲜血。路人看到后赶忙拨打120急救电话求救。医生检查发现该大学生被撞后大脑缺氧，出现了短暂性失忆症的症状。

（资料来源：搜狐网，有改动）

（6）转弯前必须减速慢行，向后观望，不突然转弯。

（7）通过陡坡、横穿四条以上机动车道或途中车闸失效时，必须下车推行。

（8）不双手离把、手中持物或攀扶其他车辆。

（9）不牵引车辆或被其他车辆牵引。

（10）不扶身并行、互相追逐或曲折竞驶。

（11）不擅自在非机动车上安装机械动力装置。

（12）不违反规定载物、载人。

（13）不酒后骑车。

3．驾驶机动车安全危机的预防

部分大学生在校期间已经考取驾驶执照，可能会驾驶机动车出行。为了确保驾驶安全，大学生应遵守交通规则，做到以下几点。

（1）礼让车辆、行人，开车不赌气。

（2）注意劳逸结合，开车不打盹。

（3）养成良好习惯，开车不喝酒。

（二）行路安全危机的应对

为应对行路安全危机，大学生应做到以下几点。

（1）当路遇机动车向自己飞驰而来时，应立即向路边躲避，以免与其发生正面碰撞或被其他机动车碰撞。

（2）在事故发生后，应立即拨打 122（交通事故报警电话）报警，如果伤员伤势严重，还应拨打 120 急救电话求助。在医务人员到来之前，应采取初步急救措施，如止血、包扎等。

（3）如果肇事者逃逸，需记下肇事车的车牌号、车型、颜色及逃逸方向等（见图 7-2），并迅速报警，请求警方帮助追查肇事车。

图 7-2　记下肇事车的相关信息

互动空间

2～3 人一组，讨论自己或者身边的同学、朋友是否有不符合行路安全的行为，并提出改进措施。老师选择几名学生进行回答。

二、乘坐交通工具安全危机的预防与应对

大学生在乘坐交通工具时，应做好安全危机预防工作，在遇到事故时，应采取正确、合理的应对方法。

（一）乘坐公共交通工具安全危机的预防与应对

乘坐公共汽车、电车、地铁列车时，应在站台或指定地点候车，不可在站台外或安全线外候车，待车停稳后排队上车，先下后上。乘车时不得携带易燃易爆物品、腐蚀物品、有毒物品等。上车后如果没有座位，应抓紧扶手或椅背。下车时注意台阶和往来车辆。

如果车辆在行驶过程中起火，大学生应立即用衣物捂住口鼻，等车辆停稳后从车门、车窗逃生，然后迅速撤离到安全地点，不要围观。如果地铁列车着火，可以使用车厢内的灭火器扑救，若火势较大，应立即拨打 119 报警。

如果车辆在行驶过程中失控，大学生应紧紧抓住前排座椅或旁边的护栏，低下头，利用手臂或前排座椅靠背保护头部；保持镇定，不大声喊叫，不指挥司机，不在车速较快时跳车。若有人员伤亡，应及时施救并拨打 120 急救电话。

（二）乘坐出租车安全危机的预防与应对

在夜间搭乘出租车或网约车时，要记住车牌号、营运证号码等信息。上车后，若发现司机浑身酒气、衣着不整，应想办法下车。乘车途中不睡觉，随时注意行车路线并保持警惕。此外，不搭乘没有牌照或非法运营的“黑车”。

到达目的地后，按计价器显示的金额付费并索要发票。下车时，注意观察后方来车，不贸然开门，避免“开门杀”（见图 7-3）。

图 7-3　“开门杀”

安全小贴士

“开门杀”是指车上人员在没有观察清楚后方来车的情况下贸然开门，导致从车旁经过的摩托车、电瓶车、自行车等与车门发生碰撞的现象。避免“开门杀”的方法

有以下几种。

（1）下车时用离车门较远的手开车门，即坐在左侧座位时用右手开车门，坐在右侧座位时用左手开车门。这样，开门时上半身会自然而然地转动，便于观察后方来车情况。

（2）除驾驶人外，车上其他人应从右侧下车。

（3）开门时，先推开一条缝，这样既便于观察侧后方来车情况，又能提醒过往的车辆和行人：车门要开了，请注意。

明镜高悬

《道路交通安全法实施条例》对乘车人的规定

《道路交通安全法实施条例》第七十七条规定，乘坐机动车应当遵守下列规定：

① 不得在机动车道上拦乘机动车；

② 在机动车道上不得从机动车左侧上下车；

③ 开关车门不得妨碍其他车辆和行人通行；

④ 机动车行驶中，不得干扰驾驶，不得将身体任何部分伸出车外，不得跳车；

⑤ 乘坐两轮摩托车应当正向骑坐。

（三）乘坐火车安全危机的预防与应对

乘坐火车时，不能长时间停留在车厢连接处，若有贵重物品，应随身携带。

遭遇火车脱轨、相撞等重大安全事故时，可趴下并牢牢抓住座椅等牢固物体，低头将下颌贴紧前胸，以保护自己的头部和胸部。车厢内出现突发治安事件时，应首先确保自己的人身安全，不轻举妄动，尽量将信息传递给火车上的工作人员，协助其抓获犯罪分子。

（四）乘坐船只安全危机的预防与应对

乘坐船只时，应选择有营运资质的船商，大风、大浪和大雾天气不应乘船。上船后留心观察救生设备的位置，不在船上追逐打闹。上船、下船时听从工作人员的指挥，不抢上抢下。

若船只撞到礁石或有下沉迹象，应立即穿上救生衣，利用手机、信号弹或燃烧的衣物等发出求救信号。如果不得不跳进水里，则双臂在胸前交叉，压住救生衣，用手捂住口鼻，双腿并拢伸直，垂直入水。最好在船尾跳船，并尽可能跳远一点，以防被船只下沉时产生的涡流吸入船底。若在海上遇险，应想办法获取食物和淡水。

（五）乘坐飞机安全危机的预防与应对

乘坐飞机时，应认真听乘务人员的讲解，了解救生设备的使用方法，系好安全带，不乱动救生设备。

发生意外时，应保持冷静并听从乘务人员的指挥；收回小桌板，保证自己所在一排的逃生通道通畅；打开遮阳板，保证视线良好；摘下眼镜，取出口袋里的坚硬物品（如钢笔等），防止这些物品对身体造成伤害。

课后互动

以小组为单位，就以下问题进行讨论。

（1）若在步行、骑车时遭遇交通事故，你会采取哪些应对措施？

（2）乘坐交通工具出行时，应注意哪些问题？发生险情（如着火、撞车等）时，应采取哪些应对措施？

单元三 学会防范侵害

案例引入——女大学生独自外出，惨遭抢劫

小杨是郑州某大学的学生。某日晚，她独自在某公园散步，突然一名男子从路边树丛冲出，勒住她的脖子强行将她拖进树丛。

“不要出声也不要动！我只要钱！”男子将一把水果刀架在小杨的脖子上，恶狠狠地威胁她。小杨十分恐慌，不停地反抗、呼喊，男子随即掏出绳子将她捆在树干上，然后抢走了她的手机。在挣扎过程中，小杨被水果刀划伤。

案发后不到一个小时，抢劫伤人的犯罪嫌疑人汤某就被公安机关抓获。经过审理，法院判处汤某有期徒刑十年零六个月，剥夺政治权利一年，并处罚金 3 万元，赔偿小杨医疗费和其他经济损失共 2.55 万元。

（资料来源：搜狐网，有改动）

大学生是祖国的未来，他们的安全不仅直接影响着个人的健康成长和光明前途，还影响着校园和社会的安全、稳定。大学生必须掌握预防和应对抢劫、性侵害等的措施，保障人身安全和财产安全。

一、防范抢劫

抢劫是指以非法占有为目的，以暴力、胁迫或者其他方式将公私财物据为己有的一种犯罪行为。这类犯罪行为侵犯了他人的人身、财产权利，具有极大的社会危害性。

（一）抢劫的主要特点

1. 作案时间集中

犯罪分子多在夜晚实施抢劫，此时行人稀少，作案后能快速逃离现场且很难被人发现。

2. 作案地点隐蔽

犯罪分子一般选择在偏僻或地形复杂、光线较差的地点实施抢劫，这些地点易于藏身，方便逃脱。

3. 作案对象明确

犯罪分子的作案对象多为穿着时尚、携带贵重物品、单独行走的大学生，在行人较少的地方约会的大学生情侣，以及在学校周边租房居住或兼职打工的、有一定活动规律的大学生。此外，很多大学生喜欢边走路边看手机，难以发觉有人跟踪或靠近自己，也给犯罪分子实施抢劫提供了机会。

4. 作案人员结伴

从抢劫的实际案例看，作案人员大多不止一个。犯罪分子往往拉帮结派，共同作案，团伙内部分工明确，有的负责望风、有的负责抢劫、有的负责销赃。

5. 作案手段多样

犯罪分子通常有以下几种作案手段：① 暴力威胁或言语恐吓大学生，然后实施抢劫；② 设圈套诱骗大学生上当后，实施抢劫；③ 冒充老乡或朋友骗取大学生的信任，继而将其麻醉，实施抢劫；④ 使用摩托车等交通工具，一人骑车、一人抢夺大学生的财物，然后快速逃离现场。

抢劫他人财物，窃贼落入法网

某日，三亚市某派出所接到报警，事主陈某称两名骑电瓶车的男子抢走了他脖子上的金项链，然后逃入某村庄。通过走访、调研，民警很快确定了两名犯罪嫌疑人的身份并锁定了一名犯罪嫌疑人赖某的落脚点。两日后，民警在三亚某大学附近的宾馆将赖某抓获，同时积极开展对另一名犯罪嫌疑人苏某的投案动员工作。当日上午，迫于警方的压力，苏某到派出所投案自首。

（资料来源：百家号，有改动）

（二）抢劫的预防

1. 遵守校规校纪

为确保大学生的安全，高校都会规定大学生不得擅自在校外租房、不得晚归、按时就寝，等等。但总有一部分大学生无视校规校纪，晚归或夜不归宿，从而成为犯罪分子抢劫

的对象。

2．外出结伴不独行

遭遇抢劫者多为独行者。为了保护自身安全，大学生晚上外出务必结伴而行，独自外出最好避开偏僻的地方。到银行或 ATM 存取款时，最好邀请同学陪伴，让其帮忙留意附近可疑人员，如图 7-4 所示。

如何防范飞车抢夺

图 7-4　让同学帮忙留意附近可疑人员

3．不携带过多贵重物品

手机、电脑、相机等贵重物品和现金是犯罪分子抢劫的主要目标，大学生外出时应尽量少携带贵重物品和现金。平时将多余现金存入银行，身上只带少量现金。如果携带较多贵重物品和现金返校，乘车时最好选择公共交通工具。

4．不走偏僻小道

为避免被抢劫，大学生应选择走行人较多的道路。尤其在夜间，不走偏僻小道，不在光线昏暗的僻静处行走、逗留，即使是光线好的地方，如果路上已无其他行人，也不应长时间逗留。如果在外租房或经常在外兼职，应警惕犯罪分子掌握自己的活动规律。

5．在娱乐场所保持警惕

大学生在网吧、酒吧等娱乐场所应时刻保持警惕，保管好自己的手机、钱包等物品。娱乐场所鱼龙混杂，一些犯罪分子时常出入其中实施抢劫。

（三）抢劫的应对

1．高声呼救

大学生若在人员较为密集的场所遭遇抢劫，可高声呼救，寻求周围人的帮助。犯罪分子既有胆大妄为、凶恶的一面，往往也有心虚的一面，大学生遭遇抢劫时故意高声说话，可能会使对方紧张、害怕，从而放弃作案。

案例

遭抢劫高声呼救，获救援追回财物

某日，一对大学生情侣在校外海边散步时，眼前突然出现了三名手持棍棒的男子。

“把东西都交出来，否则给你们好看！”面对恐吓，这对情侣十分害怕，便交出了一部手机。就在此时，这对情侣看见附近有人正往海边走，便大喊：“抢劫了，快来救人啊！”

向海边走来的人是附近小区的保安许某和余某，两人恰好下班后到海边散步。三名男子见有人赶来，连忙向附近偏僻小道逃去。许某和余某赶忙上前了解情况，这对情侣还处在惊恐之中，男生用颤抖的声音说：“刚才那三个人把我们的手机抢走了。”许某随即联系小区保安队长，调动六个岗亭十多名保安，对三名男子展开追捕。仅十多分钟，三名实施抢劫的男子即被抓获。

（资料来源：百度文库，有改动）

2．设法制服

在自身具备反抗能力或时机有利的情况下，可以将犯罪分子制服或使其丧失继续作案的能力。但需要注意的是，如果犯罪分子身材魁梧或者手持匕首、棍棒等作案工具，则最好不反抗，以确保自己的人身安全。

3．巧妙周旋

大学生处于犯罪分子的控制之下而无法反抗时，可按犯罪分子的要求交出部分财物。交出财物时应尽量保持镇定，表示自己不在乎身上的财物，只要确保自己的人身安全即可，以免犯罪分子拿到财物后杀人灭口。

路遇劫匪巧周旋，见机行事保安全

小钰是山西某大学的学生，在大二暑假期间到北京打工、游玩。某日上午，小钰到某景区爬山，走到山上一处偏僻的阶梯时，从后面跟上来两名男子。就在小钰侧身让路时，其中一名男子一把抢走了她的相机，另一名男子则试图抢走她的手机。

小钰想起手机里存着的重要信息和账户里的几千元余额，便紧紧握住手机，然后与两名男子谈判。小钰自称是外来学生，没什么钱，如果对方返还相机，就把身上的现金都给对方，也不会报警，并掏出身上所有的现金。对方觉得钱少，便命令小钰拔出手机卡，将手机交给他们。于是小钰假装拔手机卡，以拖延时间。就在此时，三名游客正好下山，两名犯罪分子看到后立即逃入树林。随后，小钰拨打了报警电话。次日，民警将犯罪嫌疑人抓获，追回了小钰的相机。

（资料来源：百度文库，有改动）

4．及时报案

在遭遇抢劫的过程中，大学生应尽量观察并记住犯罪分子的特征，如年龄、身高、发

型、衣着、口音等。之后及时报案，向警方提供上述信息，协助警方破案。

我国法律对抢劫人员的处罚规定

《刑法》第二百六十三条规定，以暴力、胁迫或者其他方法抢劫公私财物的，处三年以上十年以下有期徒刑，并处罚金；有下列情形之一的，处十年以上有期徒刑、无期徒刑或者死刑，并处罚金或者没收财产：

① 入户抢劫的；

② 在公共交通工具上抢劫的；

③ 抢劫银行或者其他金融机构的；

④ 多次抢劫或者抢劫数额巨大的；

⑤ 抢劫致人重伤、死亡的；

⑥ 冒充军警人员抢劫的；

⑦ 持枪抢劫的；

⑧ 抢劫军用物资或者抢险、救灾、救济物资的。

二、防范性侵害

性侵害是危害大学生人身安全，影响大学生健康成长的主要安全问题之一。即便犯罪分子最终受到了法律制裁，但给受害者带来的阴影往往难以抹除，有的甚至伴随受害者一生。

（一）性侵害的主要类型

1. 暴力型性侵害

暴力型性侵害是指犯罪分子使用暴力手段实施性侵害，如携带凶器威胁、劫持受害者并使用言语恐吓受害者，然后对受害者实施猥亵、强奸等。暴力型性侵害的实施主体比较复杂，有社会人员也有校内人员。

2. 流氓滋扰型性侵害

流氓滋扰型性侵害的主要形式包括：① 有意接触受害者的隐私部位；② 对受害者暴露生殖器等变态式性滋扰；③ 向受害者寻衅滋事，用污言秽语挑逗受害者或者对受害者做出下流动作等。流氓滋扰型性侵害主要发生在公共交通工具上或者人少的场所。

3. 胁迫型性侵害

胁迫型性侵害是指犯罪分子利用自己的权势、地位、职务等，采用利诱、威胁、恐吓等手段对受害者实施精神控制并实施性侵害。

4. 社交型性侵害

社交型性侵害是指受害者的同学、朋友等对受害者实施的性侵害。现代大学开放式的管理模式给大学生创造了广阔的交友空间，但由于大学生缺乏社会经验和防范意识，在社交活动中容易成为犯罪分子实施性侵害的对象。

案例

浙江20岁女大学生露营遭强奸

某日，浙江省某高校大学生小孙参加学校社团组织的爬山活动，在外露营时被另一所高校的大学生林某强奸。小孙称，当天爬山的时候，她与林某交流过，并没有发现他有什么问题。爬到山顶后，社团成员在山上搭起帐篷。离他们帐篷不远处有一家农家乐，老板给他们提供了一些杨梅酒。

由于不胜酒力，小孙很快就喝醉了，之后林某将她扶到了帐篷里并将其强奸，事发时小孙无力反抗。第二天返回学校后，小孙将事情告诉了男朋友，在男朋友的陪同下，她到派出所报案，林某随后被逮捕。

（资料来源：网易网，有改动）

（二）易遭性侵害的场所

（1）公园假山区、树林内。

（2）车站、码头附近。

（3）没有路灯的街道、小巷，废弃的工厂，正在施工的大楼等。

（4）大桥下。

（5）校园内的值班室、仓库。

（6）公共卫生间。

（7）影院、舞厅、酒吧等公共娱乐场所。

明镜高悬

我国法律对强奸人员的处罚规定

《刑法》第二百三十六条规定，以暴力、胁迫或者其他手段强奸妇女的，处三年以上十年以下有期徒刑。

奸淫不满十四周岁的幼女的，以强奸论，从重处罚。

强奸妇女、奸淫幼女，有下列情形之一的，处十年以上有期徒刑、无期徒刑或者死刑：

① 强奸妇女、奸淫幼女情节恶劣的；

② 强奸妇女、奸淫幼女多人的；

③ 在公共场所当众强奸妇女、奸淫幼女的；
④ 二人以上轮奸的；
⑤ 奸淫不满十周岁的幼女或者造成幼女伤害的；
⑥ 致使被害人重伤、死亡或者造成其他严重后果的。

（三）性侵害的预防和应对

1．增强防范意识，提高识别能力

大学生应增强防范性侵害的意识，具体可以做到以下几点：① 婉言拒绝不熟悉的异性的馈赠和邀请，不向其透露自己的身份、住址等信息；② 在公共卫生间、教室、酒吧等场所随时注意是否有遭受性侵害的可能性；③ 参加社交活动与异性单独相处时要有所防备，不过量饮酒；④ 夜间外出结伴而行，走明亮、行人较多的道路。

大学生只有增强防范意识，提高识别能力，才能及时对性侵害行为采取防范措施，从而有效地保护自己。

2．行为端正，态度明确

大学生行为举止应该端正，不轻浮，对可疑的异性应表明自己的态度。如果自己态度明确，对方有可能会打消实施性侵害的念头；如果自己态度暧昧，模棱两可，对方就可能心存幻想，继续纠缠。在拒绝对方的要求时，可以讲明道理，耐心地说服对方，不出言嘲讽、挖苦，以免激怒对方。

3．及时求助，运用法律武器保护自己

对于失去理智、纠缠不清的无赖或者违法犯罪分子，大学生应大胆揭发其阴谋或罪行，及时向老师报告，学会依靠组织和运用法律武器保护自己；不接受“私了”，因为“私了”常会使犯罪分子得寸进尺，从而留下安全隐患。

曲意逢迎，女大学生最终脱离魔爪

某日，女大学生小娜返回宿舍时，在楼下遇到一名陌生男子。对方称自己是另外一所大学的学生，对小娜所在的大学不熟悉，希望她带自己去操场。热心的小娜没有多想就答应了。

送男子到达目的地后，小娜便往宿舍走，但该男子一直跟随着她。就在小娜快走到宿舍楼下时，男子突然上前一把抓住小娜的胳膊，说想认识一下。遭到拒绝后，男子突然拿出匕首，胁迫小娜至偏僻的地方，并威胁小娜和他发生性关系，否则就用匕首划伤小娜的脸。

为了拖延时间，寻找逃脱的机会，小娜假意答应了男子的要求。小娜称发生性关系

时必须采取安全措施，男子见她同意，便胁迫她向校外药店走去。快到药店时，小娜提出口渴要买水，在买水的过程中，小娜趁男子不注意向外跑去，同时大声呼救。闻声而来的人合力将男子制服，并拨打了报警电话。

（资料来源：中国新闻网，有改动）

4. 学习防身术，提高防范能力

大学生可以学习一些防身术，以防范性侵害。女性的体力一般弱于男性，防身时要把握时机，出奇制胜，做到快、准、狠，即使不能制服对方，也可制造逃离险境的机会。同时，留意犯罪分子的特征，以便公安机关追捕犯罪分子。

课后互动

以小组为单位，就以下问题进行讨论。

（1）你是否有夜晚独自外出或返校的经历？

（2）如果你在校园内看见有人遭遇抢劫，你会如何做？

（3）日常生活中，应如何防范性侵害？

单元四 掌握急救安全知识

案例引入——女大学生用心肺复苏术救活触电工人

某日 18 时左右，浙江中医药大学的学生公寓里突然传来一阵呼救声。

两名女生在公寓一楼听见呼救声后，立即冲向事发地。到事发地后，两名女生表明自己是医学专业的学生，让围观的人群散开，保证空气流通，并迅速对触电工人的情况进行了评估。她们发现触电工人的脉搏和呼吸都十分微弱，拍其肩膀也没有任何反应。

随后，其中一名女生走到触电工人的右手旁，解开他的上衣纽扣，开始对其进行胸外心脏按压，另一名女生则蹲在触电工人的左手旁对其进行人工呼吸。经过三轮心肺复苏抢救后，触电工人的眼睛睁开了。

“你能听到我说话吗？”听到她们的询问，触电工人眨了眨眼睛，努力做出了“能”的口型。随后，触电工人的脉搏和呼吸逐渐恢复正常。这两名女生一直守在触电工人的身边，直到救护车到达现场把触电工人接走后，她们才离开。

（资料来源：网易网，有改动）

一、急救方法

大学生学会人工呼吸、心肺复苏术、海姆立克急救法、常用止血方法、常用包扎方法等急救方法后，可以在遇到突发情况时，帮助受伤或患病的人。

（一）人工呼吸

在日常生活中，我们随时都有可能遇到有人呼吸骤停的意外状况。若能够掌握正确的急救方法，对患者实施现场急救，就可以在医务人员到来之前获取更多的机会来挽救患者的生命。通常，人工呼吸是现场急救的重要手段。常用的人工呼吸方法有两种：口对口人工呼吸和口对鼻人工呼吸。

1. 口对口人工呼吸

（1）在时间允许的情况下，应迅速将患者转移到空气流通的地方，使患者平躺在地上或牢固的木板上，解开患者的衣领、领带、腰带等，以免外在因素对患者的胸部、腹部造成束缚，影响通气。

（2）跪在患者身体的一侧，用一只手按压患者的前额，另一只手抬起患者的下颌，迫使患者张口，迅速检查其口腔、鼻腔内是否有呕吐物或其他异物，并尽可能地将其清理干净。

（3）保持患者头部后仰的姿势，深吸一口气，用一只手捏紧患者的鼻子，另一只手按压患者的下颌，张开嘴巴贴紧患者的嘴巴（要将患者的嘴巴完全包住），将气体吹入患者体内，如图 7-5 所示。同时要注意患者的胸腔是否明显隆起，若有，则表明吹气量足够多，此时应放开捏住患者鼻子的手，以便患者从鼻孔呼气。

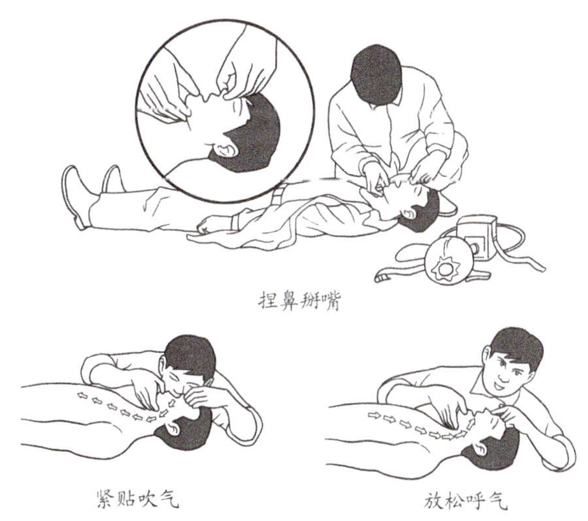

图 7-5　口对口人工呼吸

2. 口对鼻人工呼吸

当患者的嘴巴因口腔外伤或其他原因而不能张开时，施救者可对其实施口对鼻人工呼吸，具体操作方法如下。

（1）用一只手按压患者的前额，另一只手抬起患者的下颌，使患者的嘴巴紧闭。

（2）深吸一口气，用嘴巴包住患者的鼻孔，用力向患者鼻孔内吹气，直到患者的胸腔隆起。

（3）停止吹气，让患者被动呼气。

（二）心肺复苏术

心肺复苏术适用于救治因心脏病、溺水、电击、雷击、严重创伤、大出血等造成呼吸或心搏骤停的患者。采用心肺复苏术可帮助患者恢复自主呼吸和血液循环。

实施心肺复苏术时，具体操作步骤如下。

1. 检查患者的呼吸与脉搏

拍打患者的双肩，大声呼唤患者。如果患者没有任何反应，则说明其已经失去意识，情况十分危急。

此时，施救者应将耳朵贴近患者的口鼻，判断其有无呼吸。同时，用食指和中指轻压患者的颈动脉 5～10 秒，检查患者的颈动脉是否搏动；或用手掌轻压患者的左胸口，检查患者的心脏是否正常跳动。

2. 使患者保持仰卧体位

使患者仰卧在平地或木板上，头部与躯干保持在同一水平线上（头部不得高于胸部）。若患者俯卧或侧卧在地上，应一手扶住患者颈后部或后脑勺，一手置于患者腋下，同时翻动患者的头部与躯干，将患者调整为仰卧体位，如图 7-6 所示。

图 7-6 将患者调整为仰卧体位

3. 清理口腔异物和解开束缚物

迅速清理患者口腔内的异物（如脱落的假牙、口香糖、呕吐物等）。清理方法如下：

双手扶住患者的头部，并使其头部偏向一侧，进而使其口腔内的液体状异物流出，其间还可以用手指掏取口腔内的异物。同时，应立即解开影响患者呼吸的领带、腰带等束缚物。

4. 进行胸外心脏按压

胸外心脏按压的正确位置（见图 7-7）为胸部中央。施救者应先将左手的手掌置于患者胸部中央，右手的手掌置于左手的手背上，双手十指相扣，上身前倾，双臂垂直，以自身的髋关节为轴，凭借上身的力量向下按压患者胸骨，如图 7-8 所示。

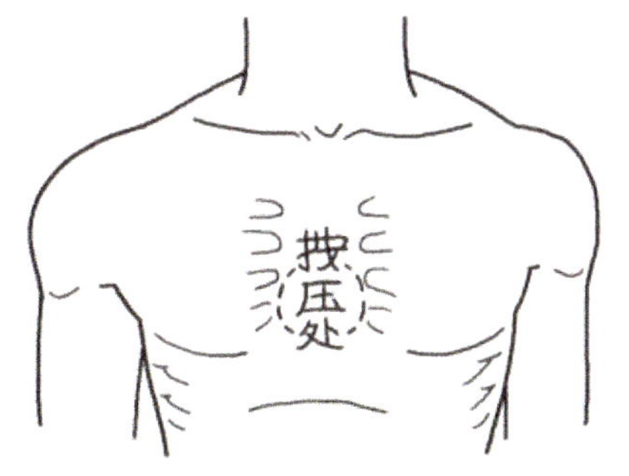

图 7-7　胸外心脏按压的正确位置

向上放松
3～5 cm
向下按压
支点（髋关节）

图 7-8　胸外心脏按压

每次按压后应立即放松，在患者的胸腔充分回弹后再按压，并重复上述动作，其间手不可离开患者的胸骨。

5. 使呼吸道畅通，进行人工呼吸

丧失意识后，患者可能因舌头后坠而阻塞呼吸道，此时应采用仰头提颌法（见图 7-9）使其呼吸道保持畅通。在患者呼吸道畅通后，应及时对其进行人工呼吸，帮助其恢复自主呼吸。

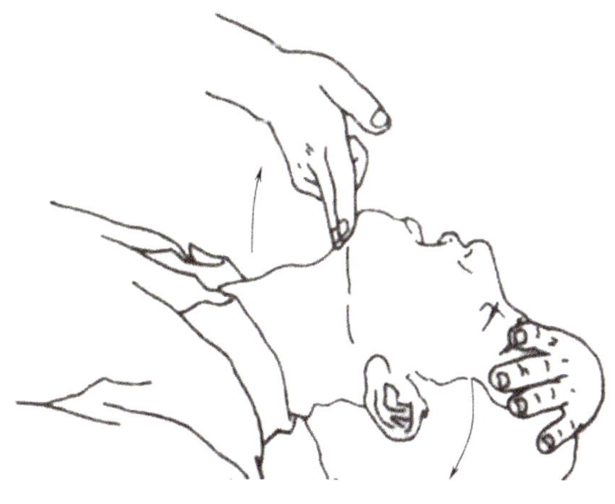

图 7-9　仰头提颌法

6. 循环进行胸外心脏按压和人工呼吸

在实施心肺复苏术时，每做 30 次胸外心脏按压就做 2 次人工呼吸，重复 5 次上述动作后，检查患者的反应和呼吸。若患者仍无反应和呼吸，应重复上述步骤，直至医务人员赶到或患者恢复心跳与呼吸。

安全小贴士

在实施心肺复苏术时，应注意以下事项。

（1）在进行急救前，及时拨打 120 急救电话并呼叫周围人员协助。

（2）胸外心脏按压的力度要适宜。用力过猛，会使患者胸骨骨折，造成气胸、血胸；用力过小，则不足以形成足够的胸腔压力，无法促进血液循环。

（3）口对口吹气的力度不宜过猛、气量不宜过大（一般不应超过 700 mL），以免造成患者急性胃扩张。

（4）对于胸部损伤、肋骨骨折的患者，不可使用心肺复苏术。

案例

医学院学生帮助老人脱离生命危险

某日早晨，医学院学生朱某在前往医院实习的路上发现一位老人晕倒在地上，老人的嘴唇发干，旁边的家属和交警都焦急地围在他身边。朱某意识到老人可能有生命危险，于是迅速上前检查老人的情况，发现老人脉搏微弱、反应迟钝。

于是，朱某一边让周围的人拨打 120 急救电话，一边对老人实施心肺复苏术。之后，两名前往医院上班的护士和一名医生也加入了这场急救行动中。他们一直坚持对老人进行心肺复苏，直至救护车到来。

（资料来源：人民网，有改动）

（三）海姆立克急救法

海姆立克急救法常用于对食物堵塞气管者和溺水者进行急救。患者处于不同状态时，施救者应采取不同的急救方法进行施救。

1. 患者处于清醒状态

若患者处于清醒状态，施救者应站于患者身后，两臂绕至患者腰前抱紧，一手握拳，以拇指侧顶住患者肋骨之下的上腹部，另一只手握紧握拳之手，连续、快速地向后使劲，给患者腹部施加压力。如此重复数次，直至患者将异物喷出，如图 7-10 所示。在急救过程中，应提醒患者，让其将头部略微低垂，张开嘴巴，以便异物喷出。

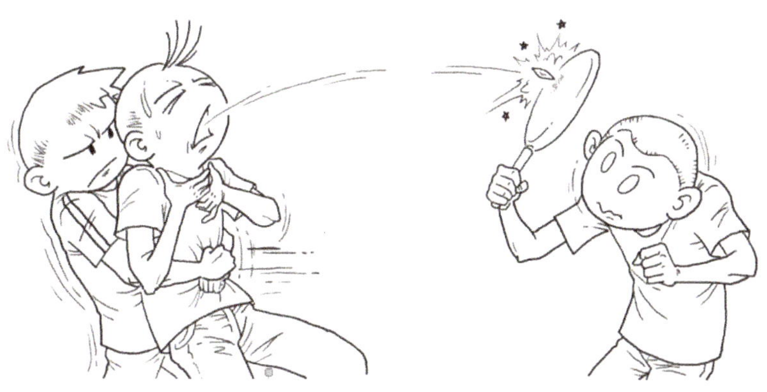

图 7-10　对清醒者实施海姆立克急救法

2. 患者处于昏迷状态

若患者处于昏迷状态，施救者应使患者以仰卧姿势躺在地上，使患者嘴巴张开，然后双腿分开跨坐在患者腿上，双手叠放，用手掌根部顶住患者上腹部进行快速冲击，并观察患者口中是否有异物喷出，如图 7-11 所示。若发现有异物喷出，则应迅速清理；若没有异物喷出，则应继续按压患者上腹部，直至有异物喷出。

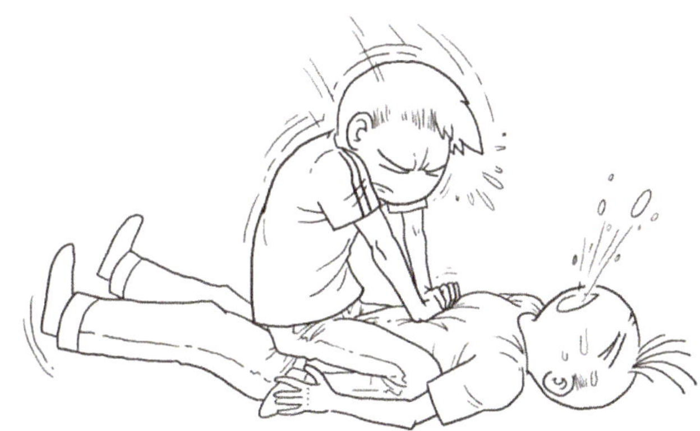

图 7-11　对昏迷者实施海姆立克急救法

安全小贴士

在实施海姆立克急救法时，应注意以下事项。

（1）区分呼吸道异物堵塞与心脏病、癫痫等其他情况引起的呼吸困难，以便采取正确的急救方法。

（2）不能用拳击打患者的上腹部和胸部，而应用拳连续、快速地按压患者的上腹部或胸部。

（3）在患者排出异物后，应立即清理患者口腔，检查其呼吸是否恢复正常，并根据其恢复的情况决定是否将其送往医院救治。

（四）常用止血方法

在校园生活中，大学生往往会因受伤而出血。若失血过多，就可能导致器官功能受损，严重的甚至会导致失血性休克。因此，大学生学会如何止血对保护自己和救助他人都有重要意义。

根据血液流出后的停留位置，可将出血分为外出血和内出血两类。其中，外出血是指血液从皮肤伤口流出体外的情况；内出血是指血液从血管流出停留在体内的情况，如脑出血、胃出血、肾上腺出血等。对于外出血，可以采用冷敷法、抬高伤肢法、压迫法等方法止血；对于内出血，则主要依靠药物和手术止血。

安全小贴士

一般来说，正常成年人的血液总量为 4 000～5 000 mL。若出血量少于血液总量的10%，伤员不会出现明显的不适症状；若出血量超过血液总量的 20%，伤员就会出现面色苍白、头晕乏力等急性贫血症状，甚至出现失血性休克；若出血量超过血液总量的30%，伤员的生命安全将会受到极大的威胁。因此，对外出血的伤员，尤其是大动脉出血的伤员，必须立即止血；对疑有内脏或颅内出血的伤员，应尽快送往医院治疗。

1. 冷敷法

冷敷法常用于急性闭合性软组织损伤，如肌肉拉伤、关节韧带拉伤等。冷敷法的具体操作步骤如下：用湿毛巾包裹冰块敷于伤处，若无冰块，也可用冷水冲洗伤处或用湿毛巾敷于伤处。使用这种方法止血，能够起到消炎、止血、止痛的作用。

小提示

闭合性软组织损伤是指局部皮肤或黏膜完整、无裂口，血液瘀滞在组织内的损伤。此种损伤常由钝性外力作用、肌肉猛烈收缩等引起。

2. 抬高伤肢法

抬高伤肢法主要用于四肢出血的情况。抬高受伤的手臂或腿，使伤口处的血压降低，从而达到减少伤口血流量、抑制伤口出血的目的。

3. 压迫法

压迫法包括指压法、加压包扎法和止血带法。

1）指压法

指压法是指用手指指腹压在出血处近心端的动脉上，以阻断伤口附近的血液流动的止血方法。这种止血方法常用于动脉出血的情况，操作简便，止血迅速。

知识链接

身体不同部位出血的动脉管压迫方法

额部、颞部出血：用一只手扶住伤员的头，用另一只手的拇指在耳屏前上方一指宽处摸到颞浅动脉搏动后，将该动脉压迫在颞骨上（见图 7-12），可止同侧额部、颞部出血。

眼以下面部出血：在下颌角后约 3 厘米处（咬肌附近）摸到面动脉搏动后，用拇指将面动脉压迫在下颌骨上（见图 7-13），可止同侧面部出血。

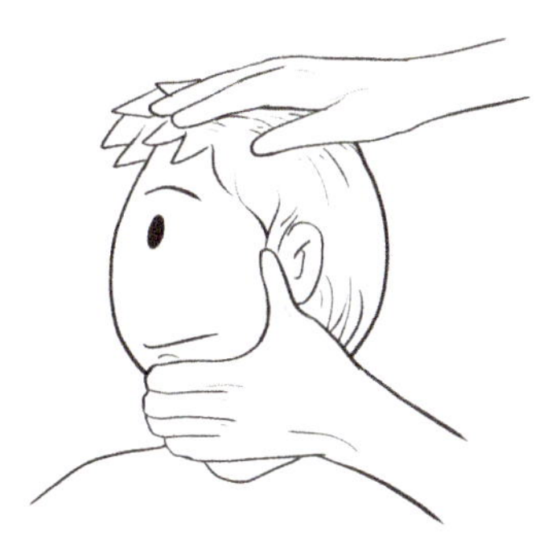

图 7-12　按压颞浅动脉止血

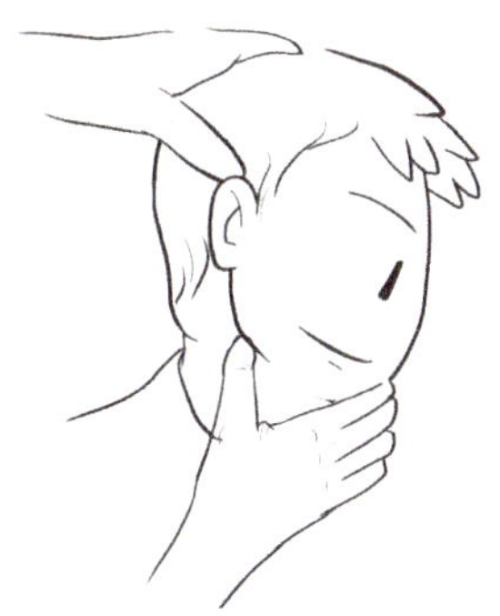

图 7-13　按压面动脉止血

前臂和手部出血：将伤臂稍微外展、外旋，在肱二头肌内缘中点处摸到肱动脉搏动后，用拇指将该动脉压迫在肱骨上（见图 7-14），可止同侧前臂和手部出血。

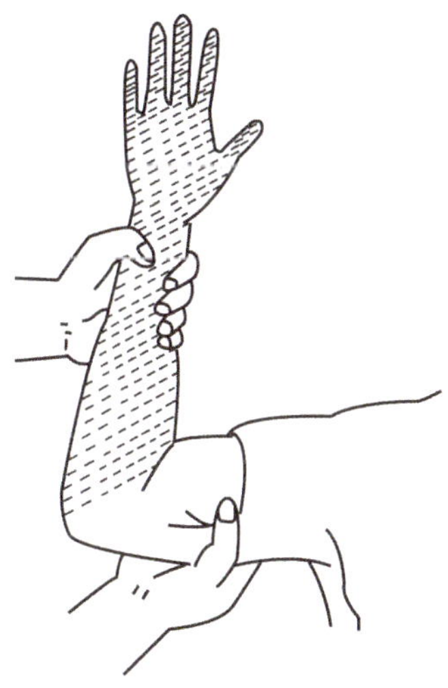

图 7-14　按压肱动脉止血

大腿和小腿出血：使伤员仰卧，将受伤的腿稍微外展、外旋，在腹股沟中点稍下方摸到股动脉搏动后，用双手拇指重叠将该动脉压迫在大腿上（见图 7-15），可止同侧下肢出血。

足部出血：在踝关节背侧，于胫骨远端摸到胫前动脉搏动后，将该动脉压迫在胫骨上；在内踝后方，将胫后动脉压迫在胫骨上，可止足部出血，如图 7-16 所示。

图 7-15　按压股动脉止血

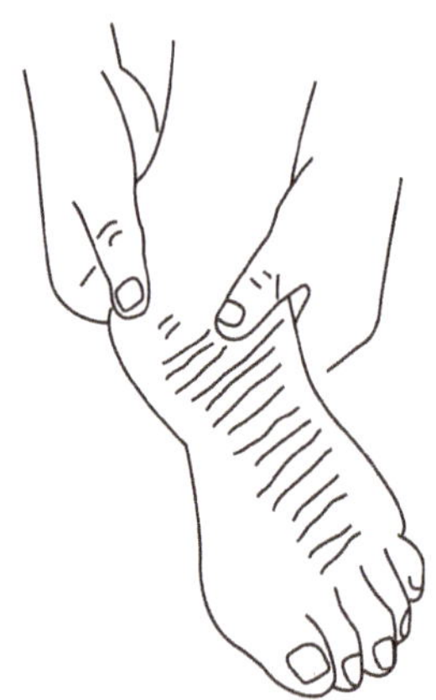

图 7-16　按压胫前动脉、胫后动脉止血

2）加压包扎法

加压包扎法是指用数层无菌敷料（如纱布）覆盖伤口，再用绷带或三角巾等加压包扎，以合适的力度压住伤口以止血的方法。该方法常用于小动脉、小静脉和毛细血管出血的情况。若伤处发生骨折，则不宜采用此方法。

3）止血带法

当伤员四肢大血管出血凶猛，且采用其他止血方法依然不能止血时，适合采用止血带法止血。采用止血带法时，应用橡皮止血带（如橡皮条、橡皮带等）、布制止血带（如宽布条、三角巾、毛巾等）或绳子等绑扎在伤口近心端，从而抑制动脉血流至伤口。

若上肢大出血，应将止血带绑扎在伤员上臂的上 1/3 处，如图 7-17 所示。若下肢大出血，应将止血带绑扎在股骨的中下 1/3 处。

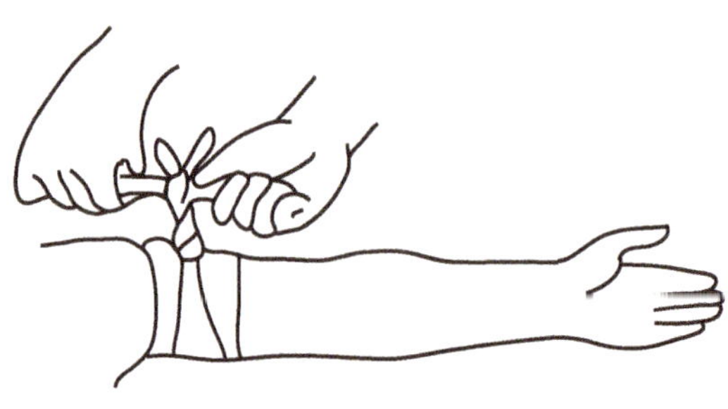

图 7-17　止血带法

此外，在绑扎止血带前，要先将伤肢抬高，尽量使静脉血回流，并在结扎处垫一层软质敷料，以免损伤皮肤。绑扎上止血带后，每隔 0.5～1 小时必须将止血带松开，3～5 分钟后再绑扎好，以防组织因长时间缺氧而坏死。放松止血带时可暂用指压法止血。

（五）常用包扎方法

包扎是指采用包扎材料对体表伤口进行覆盖或固定的行为。包扎是处理外伤时常用的急救技术之一，可以起到止血、保护伤口、固定敷料和夹板的位置、扶托受伤肢体、减轻伤员痛苦等作用。

不同的部位适合采用不同的包扎方法，例如，针对头部受伤的包扎法有头部帽式包扎法（见图 7-18），针对胸部受伤的包扎法有三角巾胸部包扎法（见图 7-19）。下面简要介绍四肢包扎法。

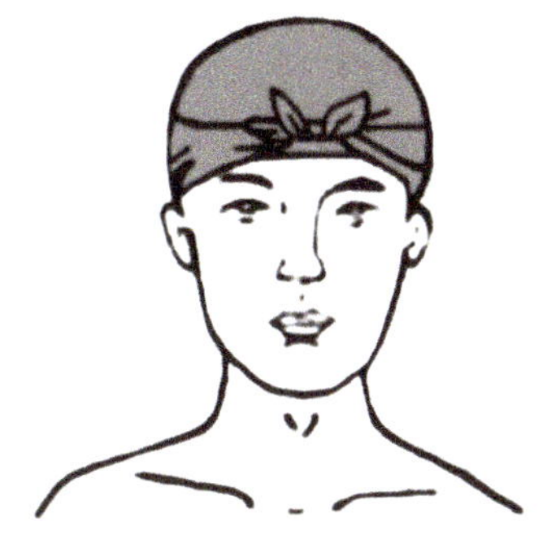

图 7-18 头部帽式包扎法

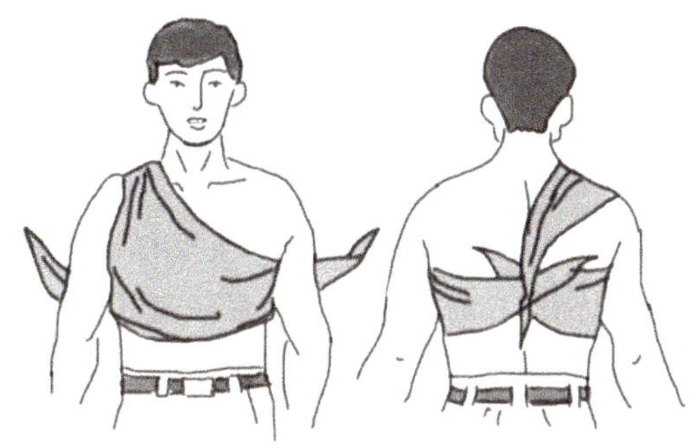

图 7-19 三角巾胸部包扎法

（1）上（下）肢螺旋包扎法（见图 7-20）：① 在伤口敷料上用绷带缠绕两圈；② 从肢体的远心端绕向近心端，每缠绕一圈就盖住前一圈绷带的 1/3～1/2；③ 剪去多余的绷带并用胶布固定。

（2）肘（膝）关节包扎法（见图 7-21）：先用绷带一端在伤口处的敷料上环绕两圈，然后斜向经过关节，绕肢体半圈再斜向经过关节，绕向原开始点相对处，再绕半圈回到原处。这样反复缠绕，每缠绕一圈就盖住前一圈绷带的 1/3～1/2，直到完全覆盖伤口。

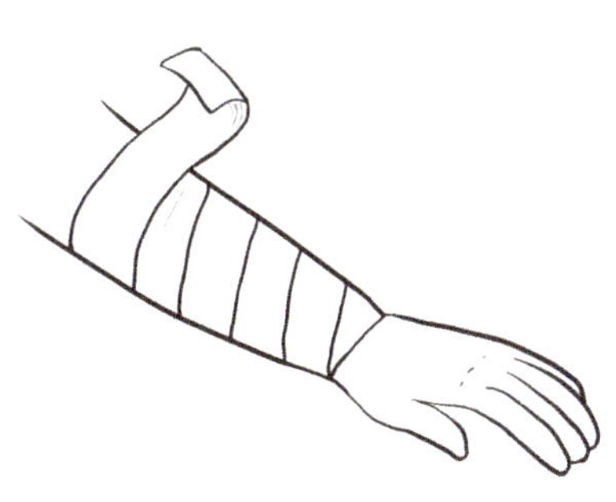

图 7-20 上（下）肢螺旋包扎法

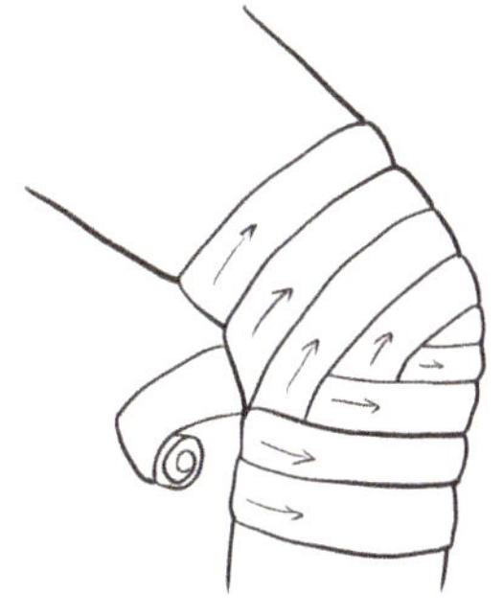

图 7-21 肘（膝）关节包扎法

（3）手（足）部包扎法（见图 7-22）：① 将三角巾底边横放于腕（踝）部，手掌（足底）向下放在三角巾中央；② 将顶角反折盖在手背（足背）上；③ 将两底角交叉压住顶角，在腕（踝）部绕一圈打结。

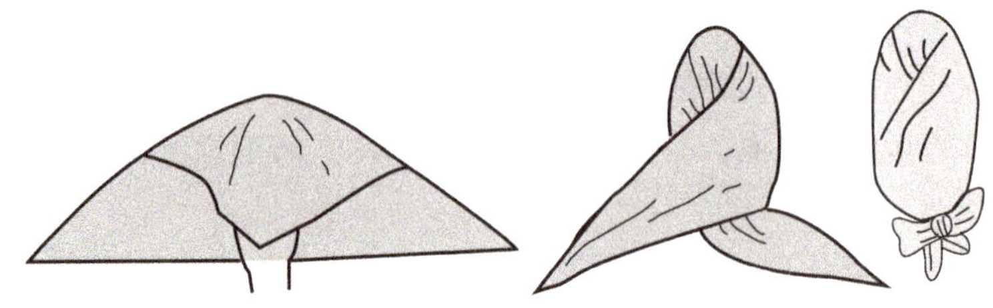

图 7-22　手（足）部包扎法

安全小贴士

（1）包扎前，应迅速检查伤口情况，判断伤情并采取处理措施。若伤情不严重，可先用消毒棉球蘸酒精擦拭伤口周围，除去污渍，然后用碘酒棉球对伤口周围皮肤进行消毒；若伤情严重，应及时将伤员送往医院。

（2）保证包扎材料清洁、无菌，尤其是直接覆盖伤口的敷料。

（3）包扎既不能过紧，也不能过松，以免影响血液循环或导致敷料脱落、移位。

（4）包扎的绳结或别针固定的位置应在肢体外侧，以免在坐卧时压迫到伤口。

（5）包扎动作要迅速敏捷、灵活轻巧，不碰到伤口，以免伤口出血或感染。

（6）常用的包扎材料有绷带、三角巾等。若缺少这类材料，也可以用干净的衣物、布袋、毛巾等物品代替。

二、急症救护

在生活中，我们有可能遇到昏厥、窒息、休克、气体中毒、脑震荡、关节损伤、骨折、烫伤与烧伤等急症。大学生加深对这些急症的了解，学会如何处理这些急症，对保障校园安全具有重要意义。

（一）昏厥

昏厥是指因脑部短暂缺血引起的暂时性意识丧失。导致昏厥的原因主要包括低血压、低血糖、大量失血、剧痛、过敏、神经性刺激等。

对于出现昏厥症状的患者，大学生应采取以下措施进行急救。

（1）立即使患者平躺，保持头低脚高的体位，解开其衣领、腰带，双手从患者的下肢向其心脏部位加压按摩，促进血液流向患者的脑部。

（2）拇指用力按压患者的人中穴（上嘴唇正中的凹痕处）、少冲穴（小拇指的指甲根下面）。

（3）若患者因血糖低而昏厥，可给患者喂食糖水或含糖食物（如糖果等）。

（二）窒息

窒息是指人体受某些因素的影响而使呼吸过程受阻或异常。窒息会导致身体各器官组织缺氧和二氧化碳潴留，进而引起组织代谢障碍、功能紊乱和结构损伤。

 小提示

潴留是指液体或气体在体内不正常地聚集、停留。

1．窒息的症状

窒息的症状通常包括呼吸极度困难，口唇、颜面青紫，瞳孔散大，心跳速度加快但搏动微弱，陷入昏迷或半昏迷状态等。

2．窒息的急救

大学生进行窒息急救时，应首先判断导致患者窒息的原因，再采取相应的急救措施。

（1）对于因异物阻塞呼吸道而窒息的患者，应将其下颌向上抬，使其头部后仰，用手指或吸引器将其口、咽部的血块、痰液及其他异物清理掉。当异物滑入气管时，应使患者俯卧，并用拍背或压腹的方法帮助其排出异物。若异物排出后患者仍未恢复正常呼吸，则应当立即对其进行人工呼吸，并拨打 120 急救电话。

（2）对于因颈部受制而窒息的患者，应立即松开或解开束缚其颈部的物品，使其恢复正常呼吸。

（3）对于因一氧化碳中毒而窒息的患者，应迅速将其移动到通风处，松开其衣领、腰带，并拨打 120 急救电话，将其送往有高压氧舱的医院抢救。

（4）对于因疾病而窒息的患者，应迅速拨打 120 急救电话，将其送往医院抢救。

（三）休克

休克是指人体在受到各种严重致病因素侵袭后发生的细胞急性缺氧病症。导致患者休克的原因主要包括重伤、大出血、剧痛、感染、过敏等。休克极易导致患者死亡，因此大学生发现有人出现休克症状时，必须及时抢救。

休克的急救方法如下。

（1）立即拨打 120 急救电话，并检查患者的呼吸、脉搏，若有外伤且伤口正在出血，应立即止血。

（2）让患者仰卧平躺，垫高患者双脚（见图 7-23），以促进静脉血回流。

图 7-23　垫高患者双脚

（3）若患者呼吸困难，可将患者的头部和肩部垫高，以便患者呼吸，有条件时应给患者吸氧。若患者呼吸停止，则应立即对其进行人工呼吸。

（4）给患者盖上毯子或被子保暖。

（5）不随意搬动患者，若有条件，可检测并记录患者的血压、体温，并给患者注射肾上腺素等进行急救。

（6）耐心等待救护车到来，配合医务人员进行急救。

案例

食物过敏致休克，同学司机齐急救

某日，四川某大学学生小李与同学在校外开展活动时突然昏倒，同学们立即把他平放在地上，并拨打了120急救电话。此时，小李浑身冒汗、脸色惨白、呼吸困难，见此情景，同学小范赶紧跑去找出租车。

正在候客的出租车司机邹师傅了解情况后，意识到情况紧急，便立即和同学们一起将昏倒的小李抬上出租车送往医院。

在路上，邹师傅看到护送的同学不太懂急救知识，便告诉他们要把患者的头部放平，保持呼吸畅通，并打开车窗，使空气流通，同时提醒他们随时观察小李的脉搏。几分钟后，他们便抵达医院并迅速将小李送进急救室。

经医生诊断，小李对发酵类面食过敏，因午饭吃了包子，产生过敏性反应而休克。幸好小李的同学采取了正确的护理措施并及时将他送到医院，否则后果不堪设想。

（资料来源：百度文库，有改动）

（四）气体中毒

人在吸入有毒气体后会产生各种不良反应，如头晕、恶心、呕吐、昏迷、痉挛、皮肤溃烂、呼吸困难等，甚至会休克或死亡。

若发现有人气体中毒，大学生应采取以下急救措施。

（1）立即将患者转移至空气清新、通风良好的地方。若患者因一氧化碳中毒，大学生应俯身进入现场，并迅速打开门窗，使室内通风，再立即将患者转移至安全的地方。

（2）解开患者的衣领、腰带，使其呼吸通畅，必要时对其进行人工呼吸和胸外心脏按压。

（3）对中毒严重者，应让其卧床休息并吸氧，同时拨打 120 急救电话，将其送往医院接受专业治疗。

（4）若患者昏迷，应将其头部偏向一侧，以防患者因舌头后坠或误吸入异物而窒息。此外，还可用手指掐患者的人中穴，促使其恢复意识。

案例

吃烤鱼导致一氧化碳中毒

某日，小羽和同学到一家烤鱼店的包厢内吃炭火烤鱼。包厢的门窗长时间紧闭，室内空气不流通，一氧化碳浓度不断增大，导致小羽一氧化碳中毒。

起初，小羽还只是有些头晕、胸闷，不久她便不省人事了。小羽的同学发现后，及时将她转移到包厢外的通风处，并采取掐人中穴等急救措施，使小羽逐渐恢复了意识，随后立即将她送至附近的医院救治。

在医院，医生针对小羽的急性一氧化碳中毒病症进行了综合治疗。之后，小羽逐渐恢复健康并出院。

（资料来源：百家号，有改动）

（五）脑震荡

脑震荡是指头部遭受外力作用后发生的暂时性脑神经功能障碍。大学生在做体操、踢足球、打篮球时，可能会因意外磕碰、摔倒等使头部遭受外力作用而导致脑震荡。

1. 脑震荡的症状

发生脑震荡后，伤员会立即出现意识丧失、呼吸浅慢、脉搏微弱、肌肉松弛、瞳孔放大等症状；清醒后，伤员也常会出现头晕、头痛、恶心、失眠、耳鸣、情绪不稳、注意力不易集中、记忆力衰退等症状。

若伤员出现以下症状中的一种，则表明伤情较重，大学生必须立即将其送往医院：① 昏迷时间超过 5 分钟；② 两侧瞳孔大小不对称；③ 耳、鼻出血或流清水；④ 咽后壁、眼球出现青紫；⑤ 剧烈头痛、呕吐或再度昏迷。

2. 脑震荡急救

当发现有人出现脑震荡症状时，大学生应采取以下急救措施。

（1）立即让伤员平卧休息，不可让伤员坐着或站着。

（2）用冷毛巾敷伤员头部的受伤部位。

（3）若伤员昏迷，可用手指掐其人中穴；若伤员停止呼吸，应立即对其进行人工呼吸。

（4）尽快将伤员送至医院进行全面检查和治疗，切忌因其状态良好而不去检查，以免留下暗伤或隐患。

（5）在伤员恢复期内，保持环境安静，让其卧床休息，直至头痛、头晕等症状消失。

（六）关节损伤

关节是人体进行各种运动的支撑点，很容易因剧烈运动或运动过度而损伤。常见的关节损伤有以下两种。

1. 关节韧带损伤

关节韧带损伤是指关节受外力牵引、扭转的力度超过韧带耐受力而造成的韧带损伤及关节附近其他软组织结构损伤。

小提示

韧带是指连接骨与骨的纤维组织，对加强关节稳固性、避免关节损伤具有重要作用。

关节韧带损伤的症状包括关节肿胀、皮下瘀血、关节功能障碍等。对于一般性关节韧带损伤，可在 24 小时内冷敷受伤关节（见图 7-24），并在必要时进行加压包扎，在 24 小时后采用按摩、针灸等方法进行治疗。若伤员症状较严重，应及时将伤员送往医院接受专业治疗。

图 7-24　冷敷受伤关节

2. 关节脱位

关节脱位也称脱臼，是指构成关节的上下两个骨端发生脱离或错位。关节脱位大多是暴力作用所致。关节脱位的症状包括关节疼痛、关节肿胀、关节功能障碍、关节畸形等。

当发现有人关节脱位时，应用三角巾、夹板、绷带等固定伤员的伤肢，并及时将伤员送往医院进行治疗，切不可随意进行关节整复手术，以免引起更为严重的关节损伤。

（七）骨折

骨折是指在外力作用下，骨头折断、发生裂纹或变成碎块。常见的骨折有肱骨骨折、尺（桡）骨骨折、手指骨折、小腿骨折和肋骨骨折等。

骨折后，伤员会疼痛难忍，还会出现伤处肿胀、肢体功能障碍、肌肉痉挛、骨折部位畸形等症状。若骨折情况比较严重，伤员可能会出现出血、发烧、休克等症状。

当有人发生骨折时，大学生可采取以下急救措施。

（1）谨慎、轻柔地脱下伤员的衣服、鞋帽。若骨折处肿胀，可剪开此处的衣物。

（2）若伤口出血，应用绷带止血并包扎。

（3）将骨折肢体固定起来。例如，可使用特制夹板、树枝、木棍等固定骨折肢体（见图 7-25）。

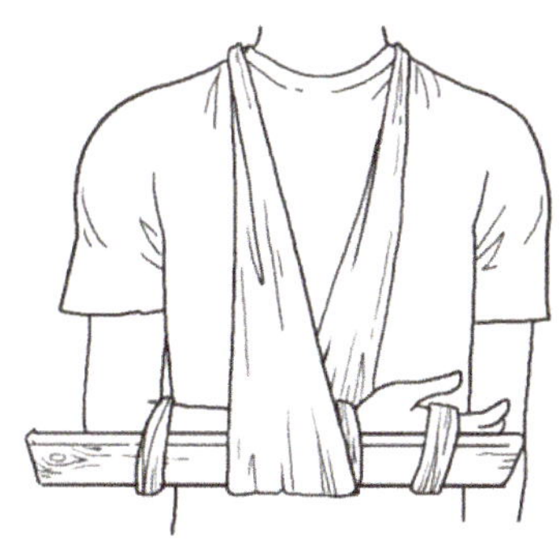

图 7-25　固定骨折肢体

（4）及时拨打 120 急救电话，并护送伤员去医院治疗。

（八）烫伤与烧伤

1. 烫伤

烫伤是指由无火焰的高温液体、高温固体或高温蒸气等引起的组织损伤。根据烫伤的程度，可将烫伤分为三个级别。

（1）一度烫伤：仅皮肤表层受伤，烫伤处局部皮肤轻度红肿，但无水疱。

（2）二度烫伤：表皮层和真皮层受伤，烫伤处局部皮肤红肿疼痛且出现水疱。

小心低温烫伤

（3）三度烫伤：伤及脂肪层、肌肉、骨骼，烫伤处呈灰色或红褐色。

大学生在救治伤员时，应根据伤员的烫伤情况采取合理的急救措施。不同烫伤级别对应的急救措施如表 7-1 所示。

表 7-1　不同烫伤级别对应的急救措施

烫伤级别	急救措施
一度烫伤	（1）立即脱去伤员的衣服、鞋袜 （2）将无破损的伤口放在冷水中浸泡或用自来水冲洗 30 分钟左右 （3）在伤口上涂抹烫伤膏
二度烫伤	（1）将无破损的伤口放在冷水中浸泡或用自来水冲洗 30 分钟左右 （2）用消毒后的针从水疱边缘刺破水疱 （3）在伤口上涂抹烫伤膏 （4）对伤口进行包扎
三度烫伤	（1）用干净的布包住伤口，并及时前往医院治疗 （2）切忌用冷水冲洗或浸泡伤口，以免引起皮肤溃烂，加重伤势；也不可在伤口上涂抹紫药水或烫伤膏，以免影响医生对伤情的判断 （3）若伤员因严重烫伤而出现心跳骤停、呼吸困难等症状，应立即对其进行人工呼吸和胸外心脏按压

2. 烧伤

常见的烧伤类型有热力烧伤、化学烧伤、电烧伤等。其中，热力烧伤是指由火所致的人体组织损伤；化学烧伤是指由接触强酸、强碱等化学物质所致的人体组织损伤；电烧伤是指由电流通过人体产生热效应所致的人体组织或器官损伤。

大学生在救治伤员时，应根据伤员的烧伤情况采取合理的急救措施。不同烧伤类型对应的急救措施如表 7-2 所示。

表 7-2　不同烧伤类型对应的急救措施

烧伤类型	急救措施
热力烧伤	（1）迅速移开燃烧物体，若身上着火则应立即采取有效措施灭火，以免伤员的伤势加重 （2）若烧伤程度较轻，则可先清洗伤口，然后用湿毛巾冷敷，待伤员疼痛感减弱或消失后，在伤口上涂抹烧伤油等。最后用干净的绷带、三角巾、衣服、床单等将伤口包扎起来，以免伤口感染 （3）若烧伤程度较重或烧伤部位特殊（如脸部、呼吸道、生殖器等），则应立即将伤员送往医院进行救治
化学烧伤	（1）使伤员迅速脱离污染物，并立即用自来水冲洗伤口 20～30 分钟；若污染物可与水发生反应，则应先用干毛巾擦去污染物，再用自来水冲洗伤口 （2）若烧伤程度较深，则应立即将伤员送往医院进行救治
电烧伤	（1）切断电源或用绝缘体将伤员与带电物分离 （2）当伤员失去知觉时，先检查其呼吸和心跳，若呼吸或心跳停止，应立即就地采用心肺复苏术进行急救 （3）电烧伤后，伤员一般会受到较严重的体内损伤，因此应当立即将伤员送往医院进行救治

课后互动

以小组为单位，进行以下模拟训练活动。

（1）某同学在吃饭时被食物堵住气管，请采用海姆立克急救法进行急救。

（2）使用绷带、三角巾、毛巾等包扎不同部位的伤口。

（3）某同学在上体育课时不小心扭伤了脚踝，请采取合理的急救措施帮助该同学。

（4）某同学因不小心打翻热水壶而被烫伤，请采取合理的急救措施帮助该同学。

单元五　掌握防溺水安全知识

案例引入——河中游泳，溺水身亡

某日 17 时 30 分许，王某、曾某、吴某、邱某四人在某大桥下游泳。邱某先带游泳圈下水游至河中间，后将游泳圈抛向王某、曾某、吴某三人，王某在捡游泳圈时不慎落水，并将吴某一同拉入水中。路过的群众见状，将吴某救上岸，但王某已沉入水中，邱某在游向岸边的过程中也沉入水中。

民警赶到后，于 19 时 20 分许将王某打捞上岸，22 时 40 分许将邱某打捞上岸。经确认，两人已经溺亡。

（资料来源：腾讯网，有改动）

一、游泳注意事项

游泳是一项有益身心但风险较大的运动，游泳者稍有不慎就有可能发生溺水事故。近年来，虽然国家、社会、学校对大学生游泳安全问题十分重视，但溺水事故仍频频发生，给不少家庭带来了沉重的打击。因此，大学生应对游泳安全问题给予足够重视。

大学生在游泳前和游泳过程中，应注意以下事项。

（1）在疲倦、饱食、饥饿、生病、酗酒状态下，均不宜游泳。

（2）游泳时间一般不宜超过两个小时。这是因为人在水中停留时间过长，体温调节功能就会遭到破坏，很容易导致人体失温。

小提示

失温一般是指人体流失的热量大于补给的热量，从而造成人体核心区（大脑和躯干）温度降低，使人产生寒战、意识不清、心肺功能衰竭等症状，甚至致人死亡。

（3）游泳后，应立即用干毛巾擦去身上的水渍。这样既可避免身体温度过低，也可排出残留在鼻腔、耳部的水。

（4）如果看见有人溺水，要大声呼救，并采用正确的施救方法进行施救。未熟练掌握救生技能者，不要擅自施救。

案例

救人不成反溺亡

某日晚，四川省广元市一对情侣发生争吵，男子不慎落入河中，同行朋友施救时也落入河中。5 名路过的大学生手拉手组成人梯施救，其中何某和罗某不慎落水。周围热心市民赶来，将最初落水的男子及其朋友救起，两人脱离了生命危险。遗憾的是，何某和罗某不幸溺亡，两人均只有 21 岁。

（资料来源：百家号，有改动）

二、溺水的预防与应对

（一）如何预防溺水

为预防溺水，大学生需要做到以下几点。

（1）不独自去未开放的江、河、湖、海游泳，不到水情不明或易发生溺水事故的地方游泳，去游泳馆游泳时尽量结伴而行。

（2）清楚自己的身体健康状况，易抽筋者不宜游泳，更不要到深水区游泳。下水前做好准备活动，如果水温太低，应先在浅水区用水淋洗身体，待适应水温后再下水。

（3）不贸然跳水和潜泳，下水后不逞强，更不能相互打闹，以免呛水和溺水。不在急流处和旋涡处游泳。

（4）在游泳过程中，如果突然感觉身体不适，如出现眩晕、恶心、心慌、气短等症状，要立即上岸休息（见图 7-26）或大声呼救。

图 7-26　身体不适时要立即上岸休息

（二）溺水时自救要领

溺水时，溺水者通常十分恐慌，会本能地挣扎，但这样做只会适得其反。正确的做法如下。

（1）保持镇定，屏住呼吸，放松全身，去掉身上的重物，同时要睁开眼睛，观察周围情况。

（2）一旦身体停止下沉，开始上浮，溺水者可将双手掌心朝下，从身体两边顺势向下划水。注意划水的节奏，向下划水要快，向上抬臂要慢，同时双脚像爬楼梯一样用力交替向下蹬，以加速上浮。当身体上浮时，应将头向后仰，争取先将口、鼻露出水面。

（3）一旦口、鼻露出水面，应立即呼吸，注意呼气要浅，吸气要深。尽可能保持面部向上的姿势，等待救援。

（4）如果在水深 2～3 米且底部坚硬的水域溺水，可在触底时用脚蹬地，以加速上浮。上浮后若再次下沉，可继续在触底时蹬地，如此反复，直到救援人员到来。

落水女孩漂浮水面等来救援

一日，在北京市丰台区一公园内，某市民晚上锻炼完走路回家，路过莲花池时，发现水面上漂着一个女孩。该市民回忆称，当时池边有工作人员拿着手电筒巡逻，当手电筒的光照到女孩脸上时，女孩被晃得连连皱眉。随即，工作人员将其救上岸。据了解，该女孩不小心落水，因不会游泳，只好漂浮在水面上等待救援。

（资料来源：搜狐网，有改动）

三、在水中遇到特殊情况时的自救方法

（一）水中抽筋

如果在水中抽筋，不能惊慌，应立即停止游动，吸一口气仰面浮于水面（见图 7-27），然后根据抽筋部位采用适当的方法进行自救。

（1）小腿抽筋时，可使身体呈仰卧姿势，用手握住抽筋腿的脚趾，用力向上拉，使腿伸直，并用另一条腿蹬水，用另一只手划水，以帮助身体上浮，反复多次，直至好转。

（2）两手抽筋时，迅速握紧拳头，再用力伸直，反复多次，直至好转。

抽筋情况好转后，应换一种姿势游回岸边，防止再次抽筋。

图 7-27　仰面浮于水面

（二）水草缠身

遇到水草缠身时要保持镇静，切勿手脚乱动，以免水草缠得更紧；应憋一口气潜入水中，用双手扯下水草。

（三）深陷旋涡

有旋涡的地方，一般水面常有垃圾、树叶等打转。游泳时，如果发现旋涡，应尽快远离；如果已经接近旋涡，切勿潜入水中，应沿着旋涡边缘快速游过。

（四）疲劳过度

感觉寒冷或疲劳时，应马上游回岸边。若离岸太远或过度疲劳，可以放松身体，仰浮在水面上，以保存体力，同时举起一只手，等待他人救援。如果没有他人救援，就继续仰浮在水面上，待体力恢复后再游回岸边。

课后互动

以小组为单位，就以下问题进行讨论。

（1）你经常游泳吗？一般是独自前往还是结伴而行？

（2）当遇到有人溺水求救时，你会如何做？

如何救助溺水者

小试牛刀

一、填空题

（1）大学生进行岗位实习时，进车间必须穿戴好________________，进工地时不准穿______________、______________等。

（2）在岗位实习期间，大学生如果发现异常情况或发生安全事故，应及时向____报告，在不了解处理办法的情况下，不得______________，避免发生二次事故。

（3）为避免被抢劫，大学生应选择走行人较______的道路，在夜间不走__________________。

（4）____________________是指受害者的同学、朋友等对受害者实施的性侵害。

（5）在外出血的常用止血方法中，____________常用于急性闭合性软组织损伤，如肌肉拉伤、关节韧带拉伤等；____________________主要用于四肢出血的情况。

二、单项选择题

（1）参加社会实践时，下列做法中正确的是（　　）。

A．通过中介机构找兼职时，最好选择无证经营或信誉差的中介机构

B．将身份证、学历证、毕业证等交给中介机构

C．尽量不到酒吧、歌舞厅等娱乐场所工作

D．在开始工作前，不与用人单位签订劳务协议

（2）步行时，下列做法中正确的是（　　）。

A．走右侧人行道，若没有划分人行道，应靠左侧路边行走

B．通过没有交通信号灯、过街设施或人行横道的路口，应当在确认安全后再通行

C．在机动车行驶的高架道路、高速公路上行走

D．边走路边玩手机

（3）乘坐交通工具时，下列做法中正确的是（　　）。

A．在公交车还未停稳时抢上抢下

B．下出租车时，不观察后方来车便贸然开门

C．乘坐火车时，不长时间停留在车厢连接处

D．乘坐船只时，在船上追逐打闹

（4）为了预防性侵害，下列做法中正确的是（　　）。

A．欣然接受不熟悉的异性的馈赠和邀请

B．参加社交活动与异性单独相处时不过量饮酒

C．拒绝异性时，态度暧昧，模棱两可

D．向不熟悉的异性透露自己的身份、住址等信息

（5）当发现有人休克时，下列做法中不正确的是（　　）。

A．立即拨打 120 急救电话

B．让患者仰卧平躺，把双脚垫高过胸

C．若患者呼吸停止，立即对其进行人工呼吸

D．随意搬动患者

（6）游泳时间一般不宜超过（　　）个小时。

A．0.5　　B．1

C．1.5　　D．2

三、判断题

（1）大学生在岗位实习期间，未经允许，可以擅自使用生产工具。（　　）

（2）骑电瓶车时，应走非机动车道。（　　）

（3）交通事故发生后，若发现有伤员，要及时拨打 119 求助。（　　）

（4）发生交通事故后，如果肇事者逃逸，需记下肇事车的车牌号、车型、颜色及逃逸方向等。（　　）

（5）大学生晚上独自外出最好避开偏僻的地方。（　　）

（6）影院、舞厅、酒吧等都是大学生易遭性侵害的场所。（　　）

四、简答题

（1）如何做好岗位实习安全防范工作？

（2）简述抢劫的主要应对措施。

（3）简述海姆立克急救法的具体操作方法。

（4）简述休克的急救方法。

（5）简述在水中抽筋的自救方法。

学习成果评价

指导教师根据学生对本模块的实际学习成果对其进行评价，学生配合指导教师共同完成表 7-3 所示学习成果评价表。

表 7-3　学习成果评价表

<table>
<tr><td>班级</td><td></td><td>组号</td><td></td><td>日期</td><td></td></tr>
<tr><td>姓名</td><td></td><td>学号</td><td></td><td>指导教师</td><td></td></tr>
<tr><td>学习成果/模块名称</td><td colspan="5">自我防护助平安</td></tr>
<tr><td>评价项目</td><td colspan="2">评价内容</td><td>评价方式</td><td>满分/分</td><td>评分/分</td></tr>
<tr><td rowspan="6">知识
40%</td><td colspan="2">岗位实习及社会实践安全知识</td><td rowspan="6">理论测试</td><td>6</td><td></td></tr>
<tr><td colspan="2">行路安全危机及乘坐交通工具的安全危机</td><td>6</td><td></td></tr>
<tr><td colspan="2">防范抢劫及性侵害的方法</td><td>7</td><td></td></tr>
<tr><td colspan="2">人工呼吸、心肺复苏术、海姆立克急救法、常用止血方法、常用包扎方法</td><td>7</td><td></td></tr>
<tr><td colspan="2">昏厥、窒息、休克、气体中毒、脑震荡、关节损伤、骨折、烫伤、烧伤的救护方法</td><td>7</td><td></td></tr>
<tr><td colspan="2">游泳注意事项、溺水的预防与应对、在水中特殊情况的自救方法</td><td>7</td><td></td></tr>
<tr><td rowspan="8">技能
40%</td><td colspan="2">安全行路、乘坐交通工具</td><td rowspan="8">实践操作</td><td>5</td><td></td></tr>
<tr><td colspan="2">防范抢劫及性侵害</td><td>5</td><td></td></tr>
<tr><td colspan="2">人工呼吸</td><td>5</td><td></td></tr>
<tr><td colspan="2">心肺复苏</td><td>5</td><td></td></tr>
<tr><td colspan="2">海姆立克急救</td><td>5</td><td></td></tr>
<tr><td colspan="2">止血及包扎</td><td>5</td><td></td></tr>
<tr><td colspan="2">救护昏厥、窒息、休克等常见急症患者</td><td>5</td><td></td></tr>
<tr><td colspan="2">在水中遇到特殊情况时能够自救</td><td>5</td><td></td></tr>
<tr><td rowspan="5">素养
20%</td><td colspan="2">积极参加教学活动，主动学习、思考、讨论</td><td rowspan="5">综合评判</td><td>6</td><td></td></tr>
<tr><td colspan="2">认真负责，按时完成学习任务</td><td>4</td><td></td></tr>
<tr><td colspan="2">谦虚勤勉，能够认识自己的不足</td><td>4</td><td></td></tr>
<tr><td colspan="2">团结同学，热情友善</td><td>4</td><td></td></tr>
<tr><td colspan="2">守正创新，自信自强</td><td>2</td><td></td></tr>
<tr><td colspan="4">合计</td><td>100</td><td></td></tr>
<tr><td>自我评价</td><td colspan="5"></td></tr>
<tr><td>教师评价</td><td colspan="5"></td></tr>
</table>

模块八

防灾减灾守家园

知识目标

- 掌握应对台风、雷电、洪涝、冰雹等气象灾害的措施。
- 掌握应对地震、滑坡、泥石流、崩塌、地面塌陷等地质灾害的措施。

素质目标

- 在学习应对气象灾害和地质灾害知识的同时，强化防灾意识和乐于助人意识。
- 了解我国在地震红外遥感等方面取得的进展，树立科学理念，培养科学精神，勇于实践创新。

单元一 学会应对气象灾害

案例引入——大学生校内打电话遭雷击身亡

20岁的小华是武汉某学院的学生。一天，小华和两名同学准备到校外吃晚饭。当他们走到学校东门附近的空地时，只听空中传来一声闷响，小华被雷电击中，倒地不起。同行的两名同学也遭雷击，所幸并无大碍。

事发时，一名保安正好目击了这一情况。该保安称，小华遭遇雷击时正在打电话，自己看到小华倒地便赶忙上前查看情况，并第一时间通知了学校医务室。医务人员赶到后立即对小华进行抢救，但最终没能挽回他的生命。

（资料来源：百家号，有改动）

气象灾害是指因天气或气候异常而引起的灾害，如台风、雷电、洪涝、冰雹、霜冻、沙尘暴、酷暑、严寒等。下面介绍几种常见的气象灾害。

一、台风灾害

台风是指发生在北太平洋西部，风力达12级或以上（风力共18级，最小0级，最大17级）的热带气旋。

台风具有以下特点：① 一般发生于夏秋季节，最早发生于5月初，最迟发生于11月，以7~9月最为频繁；② 风向不定，中心登陆地点预报难度大；③ 破坏性较强；④ 常伴有暴雨和巨浪。

（一）台风来临前的准备工作

台风来临前，大学生可以做好以下准备工作。

（1）及时收听、收看天气预报，了解台风预警信息，如图8-1所示。

图8-1 了解台风预警信息

（2）关紧门窗，检查门窗玻璃是否牢固。若不牢固，可用胶带等加固。

（3）将窗台上的花盆和其他杂物移入室内，以防其掉落伤人。

（4）准备好手电筒、充电宝等，以备停电时使用。

（5）储备一些食物和饮用水。

（二）台风灾害的应对

台风登陆时，为确保生命财产安全，大学生应采取以下应对措施。

（1）尽快返回室内或找建筑物躲避。

（2）通过小巷时，谨防围墙、电线杆倒塌；走在高大建筑物下时，注意躲避高空坠物；尽量少走高楼之间的狭长通道，以免受狭管效应影响，产生危险（见图 8-2）。

图 8-2　狭长通道有危险

小提示

狭管效应又称峡谷效应，是指气流由开阔地带通过高楼之间或峡谷时，速度明显加快的现象。

（3）不在广告牌下和树下长时间逗留。

（4）不骑自行车、电瓶车，因为强风容易使这些交通工具失去控制，进而引发交通事故。

 **案例**

台风“烟花”的危害

2021 年 7 月 25 日 12 时 30 分许，台风“烟花”于浙江省舟山市普陀区登陆，中心附近最大风力达到 13 级。7 月 26 日 9 时 50 分许，台风“烟花”于浙江省平湖市再次登陆。台风“烟花”具有风力强、雨量大、影响范围广，持续时间长、风暴潮增水高等特点，截至 7 月 28 日，已致浙江、上海、江苏、安徽四省市的 271.1 万人受灾，1 100 多

间房屋受损，带来直接经济损失约33.5亿元。

（资料来源：搜狐网，有改动）

二、雷电灾害

雷电（见图 8-3）是雷和闪电的合称，一般产生于对流强烈的积雨云中，常伴有强烈的阵风和暴雨，有时还伴有冰雹和龙卷风。

图 8-3　雷电

人被雷电击中，电流会迅速通过人体，被击者大部分会出现表皮脱落、皮内出血、内脏破裂等症状，甚至会当场死亡。即便未被雷电直接击中，雷电产生的火花也会对附近人员造成不同程度的灼伤。

知识链接

雷击伤人的方式

1．直接雷击

人体是一个良导体，雷电电流可以从人的头顶直达两脚，然后流入大地。在强大的雷电电流面前，人即便穿着橡胶鞋也无济于事。

2．接触电压

雷电击中高大的物体（如高楼、树木等）时，会使这些物体产生高达几万到几十万伏的电压。人一旦触碰到这些物体，极易伤亡。

3．旁侧闪击

如果人在被雷击中的物体附近，雷电电流将空气击穿后，就会经人体流入大地。

4．跨步电压

雷电击中地面时会产生电场，如果人站在附近且两脚所站的位置不同，就会产生电位差，这种电位差在人的两脚之间就会产生电压，即跨步电压。两脚之间的距离越大，跨步电压越大，人伤亡的概率也越大。

在雷电天气，大学生可采取以下应对措施。

（1）关闭电器，拔掉电源插头。

（2）在没有安装避雷装置的建筑物内时，应远离钢柱、自来水管和暖气管道，不靠近窗户。

（3）不在空旷的野外停留，尽量不使用手机。若身处空旷地带，应远离孤立的大树、电线杆、广告牌、建筑物等（见图 8-4），还应尽量寻找低洼处藏身；多人共处时，应该相隔几米。

遇到雷电天气怎么办

图 8-4　远离孤立的建筑物

（4）若有人被雷电击中，应立即采用心肺复苏术对其进行抢救，并拨打 120 急救电话。

案例

雨天出行需谨慎，防范雷击记心间

某年 7 月 27 日，大二学生小吕和他的同伴走在一条开阔的路上，突然一声巨响，两人被雷电击中倒地。小吕的同伴很快苏醒过来，发现小吕双眼紧闭，全身有多处电击伤口并且已经没有了心跳，便急忙拨打 120 急救电话。

在重症加强护理病房里抢救了 118 分钟后，小吕奇迹般地恢复了心跳，但其血液中的白细胞几乎全部死亡，需要进行全身换血。当地居民得知消息后，纷纷自发前往献血站献血。遗憾的是，经过数日的抢救，小吕还是去世了。

（资料来源：百家号，有改动）

三、洪涝灾害

洪涝（见图 8-5）是指大雨、暴雨或持续性降雨导致低洼地区淹没、渍水的现象。洪涝灾害不仅会造成农作物减产或绝收，还会危及人们的生命财产安全，影响国家的长治久安等。

图 8-5　洪涝

面对洪涝灾害，大学生可以从以下几个方面加以应对。

（1）洪涝来临前，准备一些食物和饮用水，迅速撤离到高地。

（2）洪涝来临时，趁水势不大，就近收集一些木板、泡沫箱等作为救生设备。

（3）在山区被洪水围困时，要固守在高地等待救援。

（4）当被困在低洼地区且情况危急时，有通信条件的，可利用通信工具向当地政府和防汛部门报告受困情况和洪水态势，并寻求救援；无通信条件的，可制造烟火或来回挥动鲜艳的衣物，向外界发出紧急求助信号。

（5）落入水中时，应迅速抓住周围可利用的漂浮物，然后在水上漂浮，等待救援。

安全小贴士

洪涝过后，道路积水是极其常见的现象。为避免触电，大学生应尽量走没有积水的道路。如果不得不在积水区行走，一定要随时观察附近有无供电设备，有无电线断落在积水中等。

如果发现有电线断落的情况，可以及时拨打中国国家电网公司的电话——95598。如果发现电线恰巧落在离自己很近的积水中，应保持镇定，不能随意乱跑，以免产生跨步电压。正确的应对方式是单腿跳跃着离开现场，只要与电线之间的距离超过 10 米，就不会触电。

大爱接力

河南暴雨致灾，全国爱心救援

2021 年 7 月 17 日起，河南省出现持续性强降雨天气，郑州、焦作、新乡等地出现特大暴雨。此次降雨给河南省造成了严重损失。截至 2021 年 8 月 2 日 12 时，河南省因灾遇难 302 人，农作物受灾面积达到 1 090.4 千公顷（1 公顷=10 000 平方米），直接经济损失 1 132.69 亿元。

暴雨期间，社会各界积极开展救援行动。7 月 20 日，中国慈善联合会救灾委员会、郑州慈善总会、平顶山志愿者协会等单位联合成立了“7.20 洪灾社会组织和志愿者协调中心（郑州）”，第一时间发布《告广大社会组织、志愿者队伍和志愿者书》。

截至 7 月 21 日 23 时，已有 25 支队伍到达一线，积极开展社会协同、物资搬运、帐篷搭建、安全排查、群众转移、搜寻搜救等应急志愿服务，另有 58 支队伍在途、124 支队伍备勤。此外，上百家企业、数百名艺人共计捐款数十亿元，帮助河南抗击洪涝灾害，展现了中国人民万众一心、众志成城、不畏艰难、守望相助的精神风貌。

（资料来源：人民网，有改动）

四、冰雹灾害

冰雹（见图 8-6）是指从对流云中降落的由透明和不透明冰粒相间组成的固态降水。冰雹虽然持续时间不长（一般为数分钟），可是来势猛，强度大，并且常常伴有狂风暴雨，往往会使农作物遭受机械损伤，还会砸坏建筑物、车辆，威胁行人的生命安全等。

图 8-6　冰雹

大学生可采取以下措施来应对冰雹灾害。

（1）看到冰雹降落，应迅速转移到室内，或在公交站顶棚、大树等遮挡物下躲避。如果附近没有遮挡物，可立即蹲下并双手抱头；如果随身携带书包、书本，可以将这些物品放在头顶。

（2）躲避冰雹时，尽量顺风走，这样可以避免和冰雹发生“正面冲突”。

（3）如果发现有人被砸伤，应立刻将其转移至安全地点进行急救。

案例

毕业设计作品展上遇冰雹

某年 4 月 24 日，温州市某学院正在图书馆前的操场上举行毕业设计作品展暨就业推荐会。15 时左右，天气突变，风雨骤起，冰雹急落，临时搭建的简易棚被吹飞，倒塌的铁架和杂物造成多名学生受伤。

参加推荐会的张同学告诉记者：“当时落下的冰雹有指甲盖那么大，太恐怖了！”当时还有一些学生正在上体育课，老师急忙让其转移至体育场馆内避险。此外，还有一些学生机智地将塑料凳顶在头上躲避冰雹袭击。

（资料来源：百家号，有改动）

知识链接

沙尘暴

沙尘暴（见图 8-7）是“沙暴”和“尘暴”的总称，是指风挟带大量尘沙、干土而使空气混浊、天色昏黄的天气现象。强干冷锋在疏松的沙尘地面过境时，往往会出现强烈沙尘暴的推移，使土壤变得贫瘠，农作物及各种设施遭到掩埋，而且会污染环境，危害人体健康。沙尘暴在我国主要发生在西北地区的春季，发生沙尘暴时，水平能见度小于 1 000 米。防治沙尘暴的措施主要有恢复植被、建立防护林体系等。

图 8-7　沙尘暴

课后互动

以小组为单位，就以下问题进行讨论。

（1）你所在的地区容易出现哪些气象灾害？

（2）你遭遇过哪些气象灾害？你是如何应对的？

单元二 学会应对地质灾害

案例引入——发现泥石流前兆，成功避险

某年8月27日，四川省凉山彝族自治州盐源县出现降雨天气。当日，梅子坪村党支部书记苏某、棉桠镇小学老师何某和22名家长、33名学生一同返校。返校队伍经过堵阿落谷地段时，苏某和何某等人通过现场观察，并结合地质灾害防治经验，发现泥石流发生的前兆，于是立即阻止相关人员通行，同时迅速组织人员撤离到安全区域避险。随后，泥石流从山坡上奔涌而下。

苏某、何某等人科学预判、反应及时、处置得当，成功避免了人员伤亡。

（资料来源：百家号，有改动）

地质灾害是指由自然作用或人为因素引起地质环境恶化而导致的灾害，如地震、滑坡、泥石流、崩塌、地面塌陷等灾害。

一、地震灾害

地震是指地球内部运动引起的地壳震动现象。地震的破坏性极强，能在短时间内摧毁大片建筑物（见图8-8），造成大量人员伤亡。

图8-8 地震摧毁建筑物

（一）地震发生的前兆

一个地方发生地震前，通常会出现的前兆如下。

（1）地下水异常。地下岩层受到挤压或拉伸，会导致地下水（如泉水、井水等）水位突然上升或下降，或者地下水因地壳内部溢出气体和某些物质而冒泡、发浑、变味等。

（2）动物异常。震前1～2天，动物大多显得烦躁不安：牛、马不进圈，嘶鸣不止；鸡不进笼，鸭不下水；一些冬眠的蛇苏醒，爬到树上；鱼惊慌乱游，有的翻白肚；等等。

（3）出现地光和地声。地光是地震发生前、发生时、发生后都可能出现的一种自然现象，形状和颜色多样，片状光、弧状光和带状光多为青白色，地面冒出的火团则多为红色。地声是一小部分地震波能量传入空气变成声波而形成的声音，通常类似燃烧声、雷电声、炮火声、风浪声等。

（二）地震灾害的应对

地震发生时，大学生可以采取以下应对措施。

（1）立即逃跑，如果无法立即从室内逃出，可躲在墙角或坚实的家具下（见图8-9），不要躲在窗下或电梯中，更不要轻易跳楼。

图8-9 躲在墙角或坚实的家具下

（2）选择好躲避处后，应蹲下或坐下；抓住身边牢固的物体（如牢固的桌腿等），以免摔倒或因身体失控移位而受伤；低头，用手护住头部或后颈。

（3）如果在行驶的汽车或火车内，应抓牢扶手，以免摔伤或碰伤，同时要将行李架上的行李放好，以免其掉下伤人。

地震停止后，为防止余震伤人，不应轻易进入未倒塌的建筑物内。若被倒塌的建筑物压埋，可采取以下应对措施。

（1）在条件允许的情况下活动手脚，移走压在身上的物品。

（2）用周围可以挪动的物品支撑身体上方的重物，以免其进一步塌落。

（3）几个人同时被困时，要相互鼓励、团结一致，如图8-10所示。

图 8-10　被困时相互鼓励、团结一致

（4）寻找、开辟通道，朝着安全、宽敞、有亮光的地方移动，设法逃离险境。若一时无法脱险，要尽量节省体力，创造生存条件，等待救援。

我国科学家在地震红外遥感等方面取得进展

随着卫星遥感技术的发展，人们开始利用热红外遥感观测数据及其反演参量对地震前后的热变化进行检测与分析，并在大量地震中发现了震前热红外或地温异常升高现象。

2021 年 10 月，中国科学院空天信息创新研究院的最新研究为热异常的存在性提供了新的强有力的统计证据。研究者利用美国国家海洋和大气管理局（NOAA）提供的长波辐射数据，结合新的 3D Molchan 图，对中国大陆地区的热异常与近 6 000 次四级以上地震开展了为期 11 年的长时间统计研究。

研究证明，地震热异常与四级以上地震存在显著的时空相关性。研究新提出的“加热核过滤器”可有效识别非震热异常信号，提高地震热异常信噪比。该研究成果为基于前兆的地震预测业务化提供了原始模型，有助于突破前兆研究的技术与方法瓶颈，并推动地震前兆研究的发展。

（资料来源：中国科学院官网，有改动）

二、滑坡灾害

滑坡（见图 8-11）是指斜坡上的土体或岩体受河流冲刷、地下水活动、地震等因素的影响，在重力作用下沿着一定的软弱结构面，整体或分散地顺坡向下滑动的现象。滑坡会阻塞河道，摧毁道路、桥梁、厂房等，对人们的生命财产造成不同程度的危害。

图 8-11 滑坡

小提示

软弱结构面是指摩擦系数相对较小，延伸较长，且普遍充填有软弱松散物质的结构面。

滑坡发生的前兆如下：滑坡体前缘坡脚处出现凸起现象，并出现放射状裂缝，同时出现地下水异常、动物异常等现象。发现上述前兆时，应迅速撤离至安全地点，并告知附近居民或行人不要靠近即将发生滑坡的区域，同时及时向有关单位报告。

当遭遇滑坡时，应尽量保持冷静，迅速向山体两侧跑，千万不要向山上或山下跑。若身处滑坡体之上无法逃离，应在滑坡体滑动时原地不动或抱住大树。

案例

及时发现隐患，村民成功脱险

2020 年 8 月 17 日凌晨，成都市东部新区全安村 53 岁村民巫某正准备关灯睡觉，突然发现客厅地面出现了一条约 1 厘米宽的裂缝，从屋内一直延伸至门外的院子里，并且屋里的墙角有不少墙灰，她还听到了石头碰撞的声响。

巫某立刻给村主任郭某打电话，向他报告了这些异常现象。随后，巫某叫上家人，离开房屋，并向周围的邻居大声喊道："有危险，快跑！"但邻居们都处于熟睡状态，未见有人行动。

5 分钟后，由村干部、民兵组成的应急队伍前来疏散村民。"哐哐"的铜锣声越来越大，村民家中的灯都亮了起来，大家赶忙往屋外跑。巫某一家人及周边 6 户村民共计 17 位村民，在 10 分钟之内被转移至山坡对面。半小时后，发生山体滑坡，6 户村民的房屋被夷为平地。

（资料来源：品阅网，有改动）

三、泥石流灾害

泥石流（见图 8-12）是指由暴雨、洪水或其他自然灾害引发的携带大量泥沙、石块的突发性洪流。泥石流具有流速快、流量大、破坏力强等特点，常常会冲毁公路、铁路、房屋等。

图 8-12 泥石流

大学生可以采取以下措施预防和应对泥石流。

（1）野外露营时，应选择平整的高地作为营地，不在谷底、干涸的河床上或有滚石和大量堆积物的山坡下扎营。

泥石流来了怎么办

（2）若沿山谷徒步行走，遇到大雨时应迅速转移到安全的高地，不在谷中停留。

（3）注意观察周围环境，特别留意远处山谷中有无打雷般的声响，若有，则应提高警惕，这可能是泥石流发生的前兆。

（4）发现泥石流向自己奔涌而来时，应立即向与泥石流下滑方向垂直的两侧山坡高处跑，不要停留在凹坡处。

泥石流即将来临，他冒险转移群众

受地形影响，广西龙胜各族自治县民居的木瓦房大多依山而建。某年 6 月 22 日下午，该县龙胜镇纪委书记贲某和社区支部书记吴某到达龙胜镇玉龙巷后，看到一处塌方离一座木瓦房仅 400 米远。他们发现山坡上的泥块在加速滑动，泥水的流速也越来越快。贲某判定这是泥石流来临的前兆，随即他和吴某将木瓦房中的户主拉出房门，拼命往宽阔

的地方跑去，同时让围观的群众赶紧撤离。

撤离后不到三分钟，泥石流便倾泻而下。随后，贵某又和其他干部以及公安、消防救援人员将其他群众转移到安全地带。因提前转移，此次泥石流灾害未造成人员伤亡。

（资料来源：搜狐网，有改动）

四、崩塌灾害

崩塌（见图 8-13）是指较陡斜坡上的岩块或土体在重力作用下突然坍塌并向坡脚急剧崩落的地质现象。

图 8-13 崩塌

崩塌发生的前兆如下。

（1）山体前缘不时有石块掉落。

（2）山脚出现新的开裂痕迹，空气中有异常气味。

（3）不时能听到岩石摩擦、碎裂的声音。

（4）地下水的水量、水质异常。

（5）动植物异常，如猪、狗、牛四处乱窜，树木枯萎或歪斜等。

崩塌即将发生或正在发生时，若处于崩塌体底部，应迅速向崩塌体两侧逃生；若处于崩塌体顶部，应迅速向崩塌体后方或两侧逃生。

五、地面塌陷灾害

地面塌陷（见图 8-14）是指地表岩体或土体在自然因素或人为因素作用下向下陷落，并在地面形成塌陷坑的地质现象。建筑物、汽车、行人等都可能陷入塌陷坑中。

图 8-14　地面塌陷

地面塌陷发生的前兆如下。

（1）井水、泉水突然干枯或变得浑浊，水位骤然下降。

（2）地面凸起，出现环形开裂、沉降等现象。

（3）建筑物倾斜、开裂或有异响。

发现上述前兆时，应尽快通知人群撤离到安全地带，并及时拨打政务服务便民热线12345，说明具体情况。若不小心落入塌陷坑中，应保持镇定，小心地移动身体，以防塌陷物砸到自己身上；护住口鼻，以防粉尘进入口鼻；保存体力，适时呼救，等待救援。

课后互动

以小组为单位，就以下问题进行讨论。

（1）你所在的地区容易出现哪些地质灾害？

（2）你遭遇过哪些地质灾害？你是如何应对的？

小试牛刀

一、填空题

（1）____________是指大雨、暴雨或持续性降雨导致低洼地区淹没、渍水的现象。

（2）____________是指地球内部运动引起的地壳震动现象。

（3）____________是指斜坡上的土体或岩体受河流冲刷、地下水活动、地震等因素的影响，在重力作用下沿着一定的软弱结构面，整体或分散地顺坡向下滑动的现象。

（4）____________是指较陡斜坡上的岩块或土体在重力作用下突然坍塌并向坡脚急

剧崩落的地质现象。

二、单项选择题

（1）台风是指发生在北太平洋西部，风力达（　　）级或以上的热带气旋。

A. 11　　B. 12

C. 13　　D. 13

（2）台风登陆时，下列做法中不正确的是（　　）。

A. 尽快返回室内或找建筑物躲避

B. 穿过高楼之间的狭长通道

C. 不在广告牌下和树下长时间逗留

D. 不骑自行车、电瓶车

（3）在雷电天气，下列做法中正确的是（　　）。

A. 关闭电器，拔掉电源插头

B. 在野外的空旷地带打电话

C. 在孤立的大树、高塔、广告牌下躲雨

D. 在没有安装避雷装置的建筑物内时，靠近自来水管

（4）面对洪涝灾害，下列做法中不正确的是（　　）。

A. 洪涝来临前，迅速撤离到高地

B. 在山区被洪水围困时，跑下高地寻求救援

C. 落入水中时，迅速抓住周围可利用的漂浮物

D. 当被困在低洼地区且无通信条件时，通过制造烟火或来回挥动鲜艳的衣物，向外界发出紧急求助信号

（5）地震发生时，下列做法中不正确的是（　　）。

A. 躲在墙角或坚实的家具下

B. 躲在窗下或电梯中

C. 蹲在或坐在躲避处

D. 在行驶的汽车或火车内，抓牢扶手

三、判断题

（1）台风来临前，大学生应将窗台上的花盆和其他杂物移入室内，以防其掉落伤人。（　　）

（2）洪涝灾害不仅会造成农作物减产或绝收，还会危及人们的生命财产安全，影响国家的长治久安等。（　　）

（3）躲避冰雹时，尽量逆风走。（　　）

（4）当遭遇滑坡时，应迅速向山上或山下跑。（　　）

(5) 崩塌即将发生或正在发生时，若处于崩塌体底部，应迅速向崩塌体两侧逃生。（　　）

四、简答题

(1) 简述冰雹灾害的应对措施。

(2) 地震停止后，若被倒塌的建筑物压埋，可采取哪些应对措施？

(3) 滑坡发生的前兆有哪些？

学习成果评价

指导教师根据学生对本模块的实际学习成果对其进行评价，学生配合指导教师共同完成表 8-1 所示学习成果评价表。

表 8-1　学习成果评价表

<table>
<tr><td>班级</td><td></td><td>组号</td><td></td><td>日期</td><td></td></tr>
<tr><td>姓名</td><td></td><td>学号</td><td></td><td>指导教师</td><td></td></tr>
<tr><td>学习成果/模块名称</td><td colspan="5">防灾减灾守家园</td></tr>
<tr><td>评价项目</td><td colspan="2">评价内容</td><td>评价方式</td><td>满分/分</td><td>评分/分</td></tr>
<tr><td rowspan="2">知识
40%</td><td colspan="2">台风、雷电、洪涝、冰雹等气象灾害的危害及应对方法</td><td rowspan="2">理论测试</td><td>20</td><td></td></tr>
<tr><td colspan="2">地震、滑坡、泥石流、崩塌、地面塌陷等地质灾害的危害及应对方法</td><td>20</td><td></td></tr>
<tr><td rowspan="2">技能
40%</td><td colspan="2">正确应对台风、雷电、洪涝、冰雹等气象灾害</td><td rowspan="2">实践操作</td><td>20</td><td></td></tr>
<tr><td colspan="2">正确应对地震、滑坡、泥石流、崩塌、地面塌陷等地质灾害</td><td>20</td><td></td></tr>
<tr><td rowspan="5">素养
20%</td><td colspan="2">积极参加教学活动，主动学习、思考、讨论</td><td rowspan="5">综合评判</td><td>6</td><td></td></tr>
<tr><td colspan="2">认真负责，按时完成学习任务</td><td>4</td><td></td></tr>
<tr><td colspan="2">谦虚勤勉，能够认识自己的不足</td><td>4</td><td></td></tr>
<tr><td colspan="2">团结同学，热情友善</td><td>4</td><td></td></tr>
<tr><td colspan="2">守正创新，自信自强</td><td>2</td><td></td></tr>
<tr><td colspan="4">合计</td><td>100</td><td></td></tr>
<tr><td>自我评价</td><td colspan="5"></td></tr>
<tr><td>教师评价</td><td colspan="5"></td></tr>
</table>

参考文献

[1] 张新春，杨帆，许振华．校园安全教育［M］．北京：航空工业出版社，2021．

[2] 艾楚君．大学生安全教育教程［M］．2 版．北京：北京理工大学出版社，2020．

[3] 张凯，宋玉霞，张新星．居安思危：国家安全教育［M］．北京：航空工业出版社，2021．

[4] 王忠林，熊伟东，汪亮．大学生安全教育［M］．上海：上海交通大学出版社，2020．

[5] 林水生．大学生安全教育［M］．镇江：江苏大学出版社，2019．

[6] 熊安锋，阳军，闵锐．校园安全教育［M］．镇江：江苏大学出版社，2018．

[7] 马纪岗．大学生安全法制教育［M］．北京：北京理工大学出版社，2019．

[8] 刘升泉．大学生安全教育［M］．长春：吉林大学出版社，2020．

[9] 王满良，王维群．大学生安全教育［M］．北京：北京理工大学出版社，2019．

[10] 庞若通．大学生安全教育［M］．上海：同济大学出版社，2017．

[11] 王庆，吴沛．大学生安全教育［M］．西安：西北大学出版社，2017．

[12] 李国辉，黄丽娟．大学生安全教育读本［M］．苏州：苏州大学出版社，2018．

[13] 王海霞，赵惠娟．安全教育［M］．济南：山东科学技术出版社，2019．